GENESIS BREAKER

JN063564

illustrated by Tomonori Kogawa

　1983年10月2日（日）から1984年3月25日（日）にわたり、フジテレビ系列朝9時30分から放送された全25話のSFアニメ『機甲創世記モスピーダ』。
　物語は、謎の生命体インビットによる突然の地球侵略からはじまる。そして、それから33年後、占領された地球を奪還するため、火星に避難していた地球人による地球降下作戦が開始される。しかし作戦は失敗、それでも地球に降り立った残存部隊は仲間を集め、インビットの拠点といわれる"レフレックス・ポイント"を目指す。
　本作『GENESIS BREAKER（ジェネシスブレイカー）』は、同じ世界観と時間軸をもとに、TV本編とは別の部隊である、特務部隊ブレイカーズの活躍を描く。TVアニメでは描き切れなかったメカニック描写やインビットの謎など、小説ならではのアプローチで、もうひとつの『機甲創世記』を紡ぎ出す。

CONTENTS

STAFF

原作／**タツノコプロ**
企画協力／**千値練**
キャラクター原案／**湖川友謙**
小説・ストーリー構成・設定／**柿沼秀樹(DARTS)**
メカニカルデザイン・設定／**荒牧伸志**
メカニカルデザイン協力・設計／**前野圭一郎(リルゴーレム)**
イラストレーション／**MERCY RABBIT**
スペシャルサンクス／**戸張雄太(T.E.S.T)**

※本書は、月刊ホビージャパン2022年10月号より2023年9月号まで、全12回にわたり連載された小説を加筆修正した12篇に加え、本書用に新たに書き起こされた新作3篇。そして設定解説を再構成して加えたものとなります。

カバーイラスト／**MERCY RABBIT**

GENESIS BREAKER
ジェネシスブレイカー スタッフ座談会

伝説は蘇り、新たな時代へと疾走する。
『機甲創世記モスピーダ』公式外伝『GENESIS BREAKER』制作陣に迫る!

『機甲創世記モスピーダ公式外伝 ジェネシスブレイカー』はどのようにして生まれ、構築されていったのか?
本項では企画のキーマンである荒牧伸志氏、柿沼秀樹氏、前野圭一郎氏、戸張雄太氏の4名にお話を伺った。

荒牧伸志『機甲創世記モスピーダ』メカニックデザイン担当 　　**柿沼秀樹**『機甲創世記モスピーダ』メカニックデザイン担当

前野圭一郎 設計担当 　　**戸張雄太** 企画協力

司会進行:五十嵐浩司(TARKUS)

21世紀に鮮烈に蘇った『機甲創世記モスピーダ』。その道のりとは

――本企画誕生までの経緯をお聞かせください。

荒牧□長くなるけど順にお話すると、2000年代後半のハイターゲットトイ界隈で突然『モスピーダ』ブームが起きたんですよね。しっかり変形するモスピーダが複数メーカーから商品化されました。そして2008年には、バイクライターのナンディ小菅さんからのご依頼で、「モスピーダ」のバイクを実走可能な実寸サイズで作ってみよう、という「プロトモスピーダ」という企画まで実現しました。ちゃんと公道で走れるバイクで、新紀元社さんの「機甲創世記モスピーダ コンプリートアートワークス」には完成までの道のりが収録されています。その時の描き下ろしカバー用イラストのライドアーマーには、実車プロトモスピーダのために新しくデザインしたイメージを取り込んでいます。

前野□同じ頃、僕はビーグル社の1/10完全変形モスピーダ設計に携わっていましたが、リリース半ばで倒産してしまいました。また『モスピーダ』トイのラインナップは基本的に主役モスピーダ4体とレギオス数体で、最初からゴールが見えてしまう空気感にも寂しさを抱えていました。

そして千値練所属(当時)の戸張さんといろいろなアニメメカ立体化を重ね、「機は熟した」とRIOBOTでのモスピーダ商品化を僕から熱烈にアピールしたんですよ。

荒牧□『モスピーダ』以前から、前野さん設計の千値練アイテムが非常に好評だったんですよね。

戸張□前野さんから企画を持ちかけられた時点では、「RIOBOTでアニメ準拠デザインのモスピーダを4体出します」ではちょっと弱かった。そこで思い出したのが前出の荒牧さんが描き下ろしたカバー用イラストです。千値練に対する当時のユーザーイメージも「トイオリジナルアレンジを入れまくるメーカー」だったので、アニメとは違う21世紀テイストの混じったカバーイラストと相性が良かったのでしょう。

前野□僕からもそこで他社と差別化するのは正解だなと。カバーイラストは変形を前提としていないので、荒牧さんからデザイン面のアドバイスを頂きながら立体処理を任される形でやり取りしました。そして2018年に「RIOBOT 機甲創世記モスピーダ」シ

リーズ第一弾のスティック機が発売され、好調な売れ行きだったんですよね。

戸張□おかげさまで、RIOBOTで同テイストの主役4体に加えて1/48レギオスも商品化できました。

――荒牧さんと前野さんの密なやりとりが功を奏したのでしょうか。

荒牧□アニメ側からの意見は本当に僕一人だけで、ビジネスなのか僕のこだわりなのか曖昧なところが(笑)。1983年の『モスピーダ』放映当時の僕は駆け出しの若造でしたし、おもちゃに対しても「発売されて嬉しいな」くらいの気持ちでした。それでも、もっと僕が描くイメージ通りの立体物を望む気持ちはずっと残っていたので、RIOBOTで当時からの願いが叶ったと思っています。

――RIOBOTシリーズの好評が、ホビージャパン連載の公式外伝『GENESIS BREAKER』誕生へのターニングポイントになったのですね。

前野□『モスピーダ』に秘められたポテンシャルは証明できたので、次は「4体で終わらない」ための提案です。各地で戦う名もなき兵士に焦点を当て、バリエーション機を設定して、世界観を共有・拡張していくトイ連動企画を戸張さんに猛烈プレゼンしました。

新企画のもう一つの目的として、『モスピーダ』人気の高い海外の状況に「本家本元も健在である」と存在感を示したかったこともあります。そこで、荒牧さんと同じく本編メカデザイナーであった柿沼さんに文芸面、つまり世界観設定で参加をお願いしました。

――前野さんの迸る情熱を受け止める立場であった戸張さんは、いかがでしたか?

前野□第一声が「売れますかね?」でした(笑)。

戸張□柿沼さんとは僕が担当した「RIOBOT オーガン」から面識があったので、この企画にも快諾いただけました。当初は完全にトイ牽引型の企画で、千値練としてはモスピーダとレギオスの金型がある状況でバリエーション機を増やすのは問題ありません。何より、僕もリアルタイムで作品を観ていて止める理由もないですから。

荒牧□『GENESIS BREAKER』の立ち上げには、柿沼さんから多くの提案があったそうですね。

前野□そうなんです。最初イメージしていた「名もなき兵士」から「特務部隊」となり、彼らの詳細な設定や活躍のご提案で現在の『GENESIS BREAKER』の原形が出来上がっていきました。

――柿沼さんも『モスピーダ』関連に関わるのは久方ぶりだと思われますが。

柿沼□1990年代に一度、当時のタツノコプロ経営陣と会う機会があり、そこで『モスピーダ』のリブートはできないかという話も挙がりました。ちょうど27枚組のレーザーディスクBOX「科学忍者隊ガッチャマン パーフェクトコレクション」が発売されたり、OVAで新作『GATCHAMAN』が制作されたりと、タツノコプロアニメ旧作の再ソフト化やリメイクが盛んな時期でした。特に映像ソフト販売が好調で、タツノコプロさん的には『モスピーダ』をはじめアートミック制作の過去作品がまだある、それらのファンに新作OVAを新しく売ろう、という意図だったのでしょうね。

――テレビアニメ放映後にも新しい動きはあったのですね。

柿沼□『モスピーダ』に連なる新作企画書を書いて、メールなんてない時代でしたから、ファックスで一生懸命送りました。孤立した部隊の話で『GENESIS BREAKER』のひな型となっています。ちなみに、新宿の喫茶店でタツノコのスタッフとキャラクターデザインの相談をしていた時、天野嘉孝さんの話をしていたら後ろにご本人が座っていた、なんてエピソードがあります(笑)。

その後、今から10年以上前かな。「グレートメカニクス」という雑誌でインタビューを受けた時に「今『モスピーダ』を作ったらどのような作品になるか」という話題になりました。僕からは「現実社会でのテクノロジーの進歩などを盛り込むことで、よりディテール豊かな作品ができるのではないか」という話をしたと思います。当時すでに「もう30年経ったのか」と自分でも驚いたのを覚えています。

荒牧君と今でも話しますけど、『モスピーダ』放映当時は何もかも目まぐるしかったですね。タツノコプロさんに原案を持ち込んだら話数とタイトルがその場で決まり、変形設定、美術、タイトルロゴ、プラモデルのデカールまで僕らが描いて……。実質作業は鈴木敏充さん(※1)と来留間慎一(※2:クレジット名・中西明)君、荒牧君、僕の4人で全部を回している感じでした。

荒牧□みんな寝袋持参でアートミック事務所に住んでいましたね(笑)。僕らが『モスピーダ』の前に構想していたのが独立部隊の転戦、大きな戦局の変化を個人の視点で見せる物語でした。『GENESIS

※1:鈴木敏充氏=元タツノコプロプロデューサー。1978年に独立しアニメ企画会社「アートミック」を設立。園田健一氏、宮尾岳氏、山根公利氏らを輩出した。
※2:来留間慎一氏=漫画家。『モスピーダ』には「中西明」名義で各種デザインを担当している。

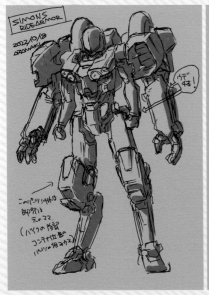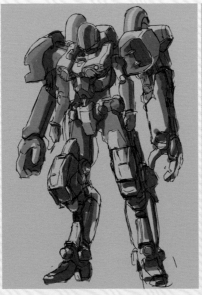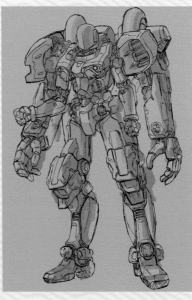

BREAKER』は『モスピーダ』でやりたかったことへの原点回帰だと思っています。

柿沼□ライドアーマーが個人単位の兵装ですから、活躍させるためにはあまり壮大な物語は向いていません。ですから、放映が終わって何年経とうと『モスピーダ』もチャンスがあればディテールの解像度を高める方向に膨らませたかった。僕らは『GENESIS BREAKER』に至るまでずっと「最初にやりたかったこと」を一生懸命目指しているんですよ。

公式外伝『GENESIS BREAKER』始動！
世界観×メカニック×キャラクター×変形トイの最強布陣が決まるまで

——『GENESIS BREAKER』というタイトルは、「機甲創世記」の英語表記「GENESIS CLIMBER」と繋がりながらも新たな時代へ突破していくような、溢れる意欲を感じました。

前野□柿沼さんが最初に制作した企画書の時点から『GENESIS BREAKER』と銘打ってありました。

荒牧□裏『モスピーダ』みたいなネーミングですよね。

柿沼□10数年前のリブート企画時にも「GENE-SIS～」はタイトル候補に挙げていました。今回の企画も当時の記憶を探りながらで、タイトルに迷いが無かったのは、自分でも気に入っていたからかもしれません。一般的なアニメは多くの人間が関わり、それぞれ違う感覚を持っています。それは決して悪いことではありませんが、設定を作る僕らが一から十まで説明しなければならなかったり、それでも絵コンテや原画になると全然違ったものになったり、といったことは多々あります。

そういう意味では『GENESIS BREAKER』はやりやすいですね。僕の文章で世界観の解説や「インビットとは何だったのか」を分析していくような切り口を直接伝え、そこからイラストや立体物へと膨らませてもらえば良いので。ツーカーで意図が通じる人は、業界内でもなかなか居ないものです。キャラクター設定は書きながら「こいつは決断が早いからこの立場だ」というように固めています。

前野□当初『GENESIS BREAKER』は柿沼さんに書いていただいた文章や設定を小冊子にしてRIOBOTに封入しよう、位のノリでした。タツノコプ

ロさんにも早い段階で相談はしていて、ならば公式でがっつり組んでやりましょう、連載にしましょう、とどんどん熱く大きな話に。連載も小説にするのか漫画にするのか、どの媒体に載せるのか、かなり長い間揉みましたね。

荒牧□準備期間に2～3年あったはずが、「ホビージャパン」で小説（テキスト）連載が始まる、と決まったらあっという間に経ってしまいました。モスピーダの新規デザイン描き起こしも、自分でまだ感覚を取り戻しきれていないところがあって最初にラフデザインを見てもらったら、前野さんから「これはモスピーダではありません」「モスピーダのデザインのキモはこういうところです」と何度も熱弁されリテイクをくらい、完成まで相当直しています（笑）。

戸張□2019年夏のワンダーフェスティバルで、「モスピーダ2083」の名前で展示したパネルがそのデザイン画ですね。

荒牧□最初は何をどこまで変えていいのかまったく掴めなくて、迷走してしまい辛かったです。ムック本カバーイラストの時は自然と描けたのが、いざ令和のモスピーダを描こうとすると本当に難しい。前野さんの愛あるディレクションに引っ張られて必死で描いていた印象ですね。

前野□第一線のクリエイターとして進化し続けている荒牧さんを、僕が「ちょっと跳びすぎですので、一回モスピーダに戻りましょう」と押し留めてしまって。

荒牧□そういうフォローはいいから（笑）。でも勢いで描いたモスピーダを観て育ったファンからの意見はとても新鮮です。自分で納得していないポイントを好きだと言ってもらえて、そこを伸ばしながら今のバランスにたどり着くまでにかなりかかりました。

——ちなみに、1983年に放映開始したロボットアニメは20作近くありますが、そのなかから『モスピーダ』が今も商業ベースに乗るレベルで愛されていることはすごいことだと思います。

前野□『聖戦士ダンバイン』『装甲騎兵ボトムズ』『超時空世紀オーガス』etc.…と、ロボットアニメ史において他に類を見ない年ですよ。

荒牧□テレビシリーズ後も絶え間なく展開を続けている作品があるなか、『モスピーダ』はテレビ放映終了から長い空白期間がありました。にも関わらず、変形トイの再商品化や新企画が始められるのは40年間『モスピーダ』を覚えていてくださった皆さんのおかげです。

——皆さんとは別に、『GENESIS BREAKER』では新たなクリエイターも参加されています。こちらはどのように決められたのでしょうか。

前野□RIOBOT『モスピーダ』シリーズ第1弾から関わられている荒牧さん、戸張さん、僕、そして柿沼さんが加わり、企画を発足させる布陣は完成しました。次は柿沼さん作のストーリーとキャラをユーザーに見せるためのキャラクターデザインですね。

最初に公開するキャラクターデザインやイメージボードには、ゴリゴリのタツノコ感が欲しいなと。それこそ『科学忍者隊ガッチャマン』『破裏拳ポリマー』時代の吉田竜夫さんのような力強いタッチですね。『ガッチャマン』時代から活躍されて1980年代ロボットアニメにも明るいアニメーターの方……と考えたところ、タツノコプロさんから湖川友謙さんをご提案いただきました。湖川さんは『ガッチャマン』の作画からタツノコアニメに関わられている方ですから、『GENESIS BREAKER』のお仕事をお願いするのは正しく美しい流れじゃないですか。

荒牧□ダメ元で湖川さんにお願いしたら、すんなり了承いただけました。僕も湖川さんにお会いするのはこの機会が初めてで、いろいろなお話ができてよかったです。大先輩なのに僕らよりお元気で、お酒も一番呑む（笑）。

柿沼□キャラクターデザインには時代性、その時の流行が必ず付随してきます。そして流行は数十年単位で繰り返すもので、湖川さんの起用も1980年代の時代性と現代感がぴったりと嵌って正解だと思います。

前野□湖川さんからいただいたゲイトの原案を見た時、世界観にピントが合った感触がありました。

GRIZZLY

▲グリズリーのアーマーバイク（荒牧氏のラフデザイン）。フロントのアーム部分のディテールが大きく変更されていることがうかがえる

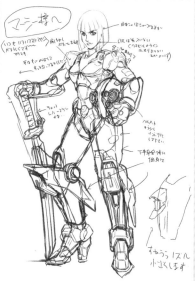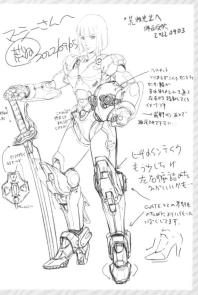

◀マーシーラビット氏によるエブリのラフデザイン。荒牧氏からの修正指示が全体に細かく入っていることがわかる。左から第1稿、第2稿、第3稿で、このようなやり取りが他のパートに関しても行われていたという

──湖川さんとのキャラクターデザインのやり取りは、どのような形で行われたのでしょうか？

前野□柿沼さんが作った文章や設定を基に、戸張さんがキャラクター発注書のようなメモを作り、それをベースに湖川さんに描いていただきました。初稿でリアル寄りだった画風を少しアニメ風にする微調整はありましたが、決定稿まで湖川さんのアイデアから大きく離れてはいません。

──荒牧さんのメカニックデザイン、湖川さんのキャラクター原案をもとに、連載のイラストはイラストレーターのマーシーラビットさんが手掛けていますね。

前野□マーシーラビットさんはずっと「RIOBOT機甲創世記モスピーダ」シリーズのパッケージイラストをお願いしていたこともありますが、遡るとコンプリートワークスの描き下ろしイラストからの繋がりですね。荒牧さんのテイストを汲み取れる後継者、まさに湖川さんと同じ理由に帰着します。彼もトップクラスの『モスピーダ』ファンですから。

すべては作品を面白くするために。忌憚ない意見とダメ出しが飛び交う最強チャットグループとは

荒牧□連載開始前から、マーシーラビットさんを含むこのメンバーのチャットグループを作ったんですよ。ちょうど新型コロナ禍ということもあり、日々思ったことが文字や画像ですぐに共有できます。マーシーラビットさんの絵もここでラフ画を見せてもらい、それを僕が全部直す（笑）。そろそろ文句言われるかなと思いつつ、そこは『モスピーダ』への深い愛をもって付き合ってくださるので、とてもありがたいです。

柿沼□ダメ出しの応酬から切磋琢磨できているんじゃないかな。

戸張□意見交換をチャット形式にしたのは良かったですね。「レスポンス待ち」がないスピード感で、お互いのアイデアをすぐに吸収して形にできました。

前野□僕とマーシーラビットさんが同年代で、リアルタイム視聴世代として渦巻く情念を荒牧さん柿沼さんにぶつけていますよ。たとえ鬱陶しく思われようと。

荒牧□それを戸張さんがビジネスとしてうまく舵取りしています。意思疎通がスムーズなうえ、遡っていくと自分たちの考え方の変化も分かる。漫然と対面で打ち合わせするより濃い記録として残っています。このチャット、公開したら面白いだろうな。絶対

見せられないものも混ざっていますけど（笑）。

前野□柿沼さんから送られたネセサリーのゴスロリ絵に皆でざわついたり（笑）。そういうライブセッション感がありますね。

──こうして作られた『GENESIS BREAKER』の連載12回、書き下ろし3作が本書に収録されています。ストーリー面の根幹は柿沼さんの小説（テキスト）かと思いますが、本作を書き続けていかがでしたか。

柿沼□「ホビージャパン」誌上は「アーマーサイクルは利き手によってエンジンのアクセルが左右に変更できる」みたいなディテール描写を存分に書けるフィールドです。読者に伝わる限界まで高い解像度に振り切った作品に仕上がったと思います。書き下ろし分はタツノコプロさんからのリクエストで、各キャラクターを掘り下げる内容です。ブレイカーズ特務部隊のなかに「懲罰として配属させられて隙あらば逃げようとする」みたいな、もう少し弱虫な奴がいてもよかったかもしれない。『モスピーダ』のジムのような。ハリウッド作品なんか多民族社会ですから、同じ隊でもキャラの考え方が全く異なる描写が多いですよね。日本の刑事ドラマの登場人物はだいたい職務に忠実ですが、『特捜隊アダム12』というアメリカのドラマでは倫理観に欠ける警官がレギュラーメンバーで、観ていた僕はショックを受けたものです。でも、これこそ物語のリアリティです。突き詰めて書くとサスペンスや陰気な作風になってしまうので、エンターテイメントとしてストッパーをかけてしまうところはありますが。

前野□企画初期、アニメ版『モスピーダ』とのクロスオーバーも考えてはいましたが、進めていくなかでアニメとは切り離したストーリーに、似て非なるアップデートを目指す方向性を定めました。レイ、スティック、フーケ、イエローとゲイトの共演はRIOBOTで実現できますので、ぜひ立体物でのクロスオーバーを楽しんでください。

──RIOBOTも2024年3月に「ゲイト用ライドアーマー イントルーダー」が発売を迎えました。

荒牧□時々「どのように立体物の監修をしていますか」と聞かれるのですが、RIOBOTについては前野さんが作った叩き台の3D CADデータにどんどん要望を書き足してまた見せてもらう、の繰り返しです。なんなら試作品が出来てからも「勘弁してください」と言われるまで詰めます。

前野□例えばゲイトのRIOBOTでは、バイクのリア

カウルにあたる箇所のデザインがなく、荒牧さんに「どうしましょうか」と相談したところ、「外れてドローンになると面白いね」というアイデアが出てきました。そこでこちらでラフモデルを起こしてそれを荒牧さんがさらにアップデートして、とリアルタイムでどんどん設定を膨らませました。「クリエイターの発想がユーザーに伝わる」という点の純度は相当高いはずです。決まった設定画を立体化して終わり、では全くありません。

荒牧□今度はその設定が柿沼さんの分野に反映されます。小説、メカデザイン、立体物設計、イラストのすべてが同時進行で、そういったライブ感は溢れていると思います。それなのに僕の作業に異常に時間がかかっているのはなんだろう（笑）。

前野□『GENESIS BREAKER』は気心が知れた座組で、意見を言いやすい雰囲気で制作しています。本筋と関係ないところで引っかかって進まない、という事態はほとんどありません。忌憚なくアイデアを出し合ってどんどん面白くしていこうという勢いがずっと続いている環境です。

アニメ版の完全再現もいいことですが、『モスピーダ』に関しては21世紀に生まれた荒牧さんの描き下ろし表紙イラスト版が世に出なければ、この企画はここまで膨らまなかったでしょう。戸張さんの慧眼のおかげです。

戸張□あとはもう、タツノコプロさんにアニメ化してもらうだけです（笑）。

ファンの力で支えられ続けた『モスピーダ』の40年間と、これからの未来

荒牧□2010年前後にちょっとした『モスピーダ』立体化ブームがあったとお話しましたけど、そこからSNSで非常に熱量の高いファンの方々と出会えたり、毎年年末に「モスピ会」を開いて「本年度の『モスピーダ』の動向について」を総括しあったり、40年前の作品ですが止まっている感じが全くしないですよね。ファン交流や情報交換がとても流動的な作品です。

前野□YACOさんというモスピーダ玩具コレクターの友人がいるのですが、15年くらい前に彼との忘年会に荒牧さんをお招きしたのが通称「モスピ会」の始まりです。彼には『GENESIS BREAKER』の

▲マーシーラビット氏による第2話用の扉絵用ラフ。最終的には別のラフをベースにしたイラストとなった。妥協の許されない本作の製作風景が伝わってくる

▲イントルーダーの偵察ドローン（ラフ）。前野氏の提案を受けて、荒牧氏が描いたもの。「ギズモ号」のネーミングにタツノコプロ作品への愛が感じられる

ロゴデザインのお手伝いもいただいているんですよ。モスピ会も最初の数年は「ビーグル社が倒産しましたけど」から始まる悲しい会だったんですけど（笑）、千値練で商品リリースが始まってからは、『モスピーダ』界隈に毎年いいご報告をできるように頑張っています。

荒牧□僕らのチャットグループを中心に、そこに業界の方、そして一般のファンの方と、濃い『モスピーダ』ファンがじわじわと集結しているのが分かりますね。一般のファンの方も僕らとの違いは「機密情報を知らない」くらいで、ものすごい情熱をもって楽しまれています。

作品が今も生きている手応えはリアルタイムで感じています。彼らの熱意を『GENESIS BREAKER』でいい形として残したい気持ちは非常に強いです。それこそ10代の時にテレビ放映を観た年代が50代に突入していますから、「ファンが老年になる前に大きな打ち上げ花火を上げたい」のも大きな原動力です。まさにファンの皆さんの気力を分けてもらいながら続けています。海外でも『モスピーダ』好きな模型店オーナーとの出会いがあったりもしました。

前野□日本語でしか情報がないのに、海外のファンは熱いですよね。

荒牧□この書籍のカバーデザインを僕のフェイスブックに乗せたら、反応したのはほぼ海外の方でした。この表紙も僕がとんでもない回数のチェックを入れて（笑）。1980年代の塗り方はこうだ、アニメ塗りはそうじゃない、とか。本当にマーシーさんにはよく付き合ってもらえたと感謝しております。

──最後に、本書を読んでいる『モスピーダ』『GENESIS BREAKER』のファンの方へメッセージをお願いします。

荒牧□40歳頃まで、心のどこかで過去の作品に再び関わることを「クリエイターとしての後退なのでは」とわずかながら抵抗を感じていました。しかし戸張さんや前野さんと出会い、まだ『モスピーダ』にできることがこんなにあるという想いを受けて、放映

40周年を迎えられたのはとても嬉しいです。柿沼さんともこういう形でまたコミュニケーションを取れるようになり、放映当時に戻ったような関係が築けています。ファンの方もテレビアニメの『モスピーダ』と『GENESIS BREAKER』を通じて、自分のなかで過去と今を心地よく繋げる感覚を共有してもらえればと思います。

柿沼□テレビで観た映像は忘れられても、おもちゃやプラモは部屋に、そして記憶に残ります。例えば『サンダーバード』は、日本でのブーム渦中当時でも再放送は2回のみです。でも、模型屋やおもちゃ屋に行くと必ず商品があった。おもちゃ文化のおかげで「心のなかに常に存在するもの」となるんですね。僕はキャラクターもので育った第一世代で、小学校一年の時にマルサンのジェットビートルを買って以来、ウルトラマンメカの新商品が出ると素通りできません。現在プロデュースさせてもらっている「HJヴィンテージ」誌上でも僕は小学生からの「ホビージャパン」読者で、今もウルトラマンメカのプラモデルばかり作っています。小学生の日に「SFの飛行機もプラモデルになるんだ」と感動した残光が永久に焼き付いています。『モスピーダ』も40年を経て同じ現象が起こっているのでしょう。

荒牧□最近だと、おもちゃを買ってから本編を観始めた方もいますね。タツノコプロさんも主題歌「失われた伝説（ゆめ）を求めて」に合わせたダイジェスト動画の無料配信、BS放送など、手軽に本編に触れられるルートを設けています。

柿沼□今はDVDやネット配信が充実していますから、古い作品に詳しい若い子が続々生まれています。リアルタイムで観ていない世代が、さまざまな切り口で『モスピーダ』という作品を継承してくれるのもあり得る話です。

戸張□本編ファンの方はRIOBOT『モスピーダ』シリーズを、トイユーザーの方はぜひ本編と『GENESIS BREAKER』をともに楽しんでください。『モスピーダ』の世界観がさらに広がり続けることを願っています。

前野□『モスピーダ』って、伝説的なメカニックデザインと素晴らしいオープニングしか知らない人が非常に多いロボアニメだと思うんですよ。今こそ配信などで本編を観てください。

前野□RIOBOTの『モスピーダ』関連商品と『GENESIS BREAKER』の企画は、アニメ放映当時からこの作品に詰め込まれている熱意をもっと

世に知らしめたく始めました。嬉しいことに、これらを通じて令和に『モスピーダ』が息を吹き返した実感があります。古いコンテンツを再商品化しただけでは成し得ません。作品に再び血が巡るのを見届けられて、僕としては本望です。もうひとつのゴールに、戸張さんと同じく雑誌の企画を超えて『GENESIS BREAKER』のアニメ化を掲げています。荒牧さんと柿沼さんのお二方が携わっているというだけでも、唯一無二にしてずっと色褪せないだろう作品になりました。まだまだ思いがけない展開があるかもしれません。今後も応援していただければと思います。

荒牧伸志（あらまき・しんじ）
1960年10月2日生。福岡県出身。岡山大学在学中から自主制作アニメでのメカニックデザインを手掛け、卒業後は企画制作会社アートミックに所属。アニメメカデザインや監督を務め、2000年以降は『APPLESEED』をはじめとしたデジタルCGでその手腕を振るう。『GENESIS BREAKER』ではメカニカルデザイン・設定を担当。

柿沼秀樹（かきぬま・ひでき）
1958年4月23日生。東京都出身。ホビージャパンでの編集業を経てアートミックに所属。『機甲創世記モスピーダ』『メガゾーン23』などのメカニックデザインを担当した。現在は株式会社DARTS代表として小説執筆やメディア原作を手掛ける。『GENESIS BREAKER』では小説・ストーリー構成・設定を担当。

前野圭一郎（まえの・けいいちろう）
1969年8月29日生。愛知県出身。家電メーカーのデザイナーに就職したのち、玩具・フィギュアの企画開発会社T-REXを経て、現在は独立し、株式会社リルゴーレムの代表を務める。『GENESIS BREAKER』ではメカニカルデザイン協力・3D設計を担当。

戸張雄太（とばり・ゆうた）
1980年2月9日生。東京都出身。旧バンプレストで一番くじの開発としてアルバイト入社したのち、株式会社千値練に転職。RIOBOT・メカトロウィーゴ・東亜重工 合成人間（1000toys）などの開発を担当。現在は独立し株式会社T.E.Sの代表を務める。『GENESIS BREAKER』では企画を担当。

▲ブレイカーズ特務部隊のイメージイラスト。本作のキービジュアルともいうべきもので、荒牧氏が彩色も行っている

World of GENESIS BREAKER

機甲創世記モスピーダ
ジェネシスブレイカーの世界

『ジェネシスブレイカー』は『機甲創世記モスピーダ』と同じ時間軸で展開する物語である。
ここでは改めて『機甲創世記モスピーダ』の世界とその背景に迫る。

「機甲創世記モスピーダ」とは？

≫A.D.2050

突如、外宇宙から謎の異星人が飛来し、人類に対しの侵略を始めた。

人類はその敵を「インビット」と名付け、総力を挙げて戦うが、数年で人類の半数が死滅。

各国政府による統治は破綻し、生存者は地球を捨て、月の開発基地及び入植が始まっていた火星居住区へと緊急脱出を余儀なくされる。地球上の近代的都市は破壊され、残された人々は村単位のコミュニティ集落などを形成し生き延びる。

侵略者は北米大陸中央部に拠点を設け、一切の外部要因を物理的に遮断・遮蔽。光すらも跳ね返す高度な防衛手段は人類には解析不可能なため、"あらゆる事象を跳ね返す"意味からその拠点はreflex・pointと呼称される。

火星居留区は、かねてより推進中であった火星全域のテラフォーミングを加速させ、許容の200倍もの難民を地球から受け入れ破綻寸前となるも、違反者を粛正する強圧統治によって破滅を回避。

再び地球を異星人から奪還すべく準備を進める。

≫A.D.2080

火星軍はその戦力投射能力のすべてを以って第一次降下奪還作戦を決行する。宇宙戦闘艦、降下艇、支援艦など、総数2400隻と約16万人の兵力を投入した。

しかしインビットの防御は人類の予想を大きく上回り、地球降下時に87%の降下艇、戦闘艦が破壊された。これにより想定していた大兵力を地上投入し、橋頭堡を築く作戦は破綻。ほんの一握りの兵士たちが地上に到達するも組織的戦闘の続行は不可能として作戦は中断される。

事実上の人類軍の敗退となる。

≫A.D.2083

第二次降下奪還作戦決行。

3年前の敗因を検証し、大気圏突入時に無力となる戦闘機をカバーするための新兵器レギオスや、歩兵一人に敵インビットを破壊可能な火力と機動力をもたらすライドアーマーシステムを大量に導入。

大気圏への突入回廊確保部隊。敵迎撃メカ対応部隊。

そして突入隊本隊に、兵力を機能分化させた

イーガー

グラブ

インビット

結果、前2部隊はほぼ壊滅するも理想の1/10ではあるが降下部隊の地上到達に成功する。

ジェネシスブレイカーの世界で起こった出来事

2033年 最初の定住者が火星へ入植。
火星に初の5家族16人が試験的に入植。小規模定住居留区を作る。
以降毎年開拓民として入植者の人口は増大する。

2038年 地球統一戦争勃発。
3つの連合に分かれて戦われた統一戦争にて、地球統一政府が樹立しそれが地球に置ける唯一の最高意思決定機関となる。

2039年 火星開拓の一元化。
地球統一政府誕生によってそれまで各国が個別に主導していた火星開発事業が一本化され、地球統一政府の展開する事業の一環とされた。

2048年 植民地化する火星。
その結果、火星居住地は新天地ではなく、地球統一政府の植民地としての立場が鮮明化。主に労働者の大量流入が開始され、統一戦争で荒廃し、また140億に膨れ上

がっていた地球人口を支えるための資源の調達、特に文明維持に不可欠な複合合金コンプリュームの原料を発掘・生成・加工して地球に提供することを義務化しそれが、火星の主産業となる。そのため地球統一政府からの独立機運が高まり、火星は地球当局と対立を深めて行く。

この時点で大国化、覇権国家化した地球統一政府は、太陽系内の採掘現場やコロニーの経済圏の独立を認めず基軸通貨を地球ドルと定め中央集権化を徹底。火星も例外ではなく、採掘、開拓に関する事業は全て地球統一政府からの許諾を受けた認可事業とされそれら事業を受注する下請け化が徹底され、全ての賃金は地球統一政府が一方的に決定し火星を厳格なコントロール下に置いた。

2050年 インビット来襲。
インビット来襲時点では、地球側は火星独立派の大規模テロと誤認。そのため初動を誤り大敗を喫す。結果として地球統一政府

の一部も火星へと避難し、火星側が想定した200倍もの人口が地球から火星へと緊急疎開し大混乱を招く。

2051年 火星の独立宣言。
火星政府は地球政府の事実上の瓦解を受けて独立宣言を行い、自存自衛を表明。火星へと疎開・亡命した地球統一政府を解体し、地球復興庁という火星統一政府下部組織の省庁に格下げし運営を許諾。
以降4ヶ年計画で超過した火星人口の統制と生活圏の拡張事業を"バッファロー計画"と呼称し発動。火星の統制、内政の安定に努める。

2054年 人類火星軍（MARS BASE）発足。
火星政府内に地球奪還のため、火星防備のための火星軍とは別に、軍産複合体である人類火星軍（MARS BASE）を設立。2038年の覇権闘争であった地球統一戦争時に支配層から脱落し火星に亡命し火星開拓に尽力した旧地球統一政府の資金

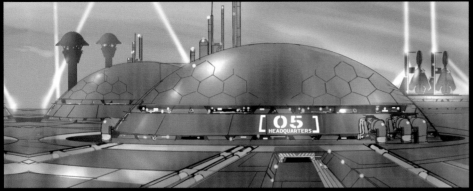

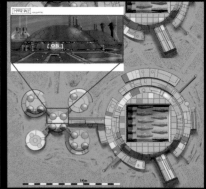

KEYWORD ブレイカーズ特務部隊

地球奪還を使命とする火星軍正規軍とは別に組織された特務隊。戦時政権として新設された新政権『第二次・火星政府』内・情報局の秘密機関で、かつて火星開拓を統制・遂行した"旧支配層"の直轄実働隊。敵とのコンタクトを主たる目的とするため、特殊能力者を集めた部隊で、第二次降下作戦の強襲降下部隊とともに地球圏に派兵、地上での活動を行う。"旧支配層"はかつて仇敵としてきた"地球政府"が未知の敵の侵攻により瓦解した事を受け、この人類最大の危機さえも自らの復権の好機と捉えている。そのため特務隊ブレイカーズが使用する装備・兵装は通常装備に加えサーチ、コンタクト、スペキュレーション機能に特化したものを有し、敵インビット個体の解剖学的究明に始まり、敵の意図及び目的の把握を目指して活動する。また通常部隊による敵の制圧・支配地域の開放には積極介入をしない。独自の通信網を持ち、軌道衛星を中継して情報の送信が可能だが、敵の広域ジャミングを打破するテクノロジーは有していない。ゲイトがリーダーであり、軍隊ではないが契約上、厳しい戒律が存在し、また各個人がそれぞれ個別の褒章を雇用主たる情報局との間に結んでいる。

的後ろ盾でもあった複合産業体アルベルト、イズメイア財団、ケネス労働組織の3大勢力を地球奪還、再興時には、地球を火星の植民地として運営する主権組織の最上位議長決定機関"ロッズ"の中枢に据え、あと火星政府と密約。イズメイア財団は人類火星軍の中枢の一部を構成する情報局（人類火星軍・第一統制機関・情報局）の運営を担う。

2056年　地球奪還のための本格的な実務プロジェクトである"オペレーション・ハウンド"が人類火星軍（MARS BASE）主導でスタート。火星の経済は戦時経済へ移行。全ての事業は12時間労働による完全24時間操業体制となり2079年までの23年間で戦艦1200、地球降下用クラフト6800、戦闘機33000、兵員220万、内歩兵86万とその個人兵装。及び8ヵ月間の継戦能力に見合う物資の生産・調達が始まる。また2079年段階で16〜23歳となる男女160万人の出産・育成プロジェクト79（セ

ブンティナイン）が発動。彼らはセブンティナイナーズと称され、地球奪還作戦の中核をなす兵士として育てられた。

2062年　地球奪還のための本格的な実務プロジェクト"オペレーション・ハウンド"が第一段階を終了。その全貌が固まりつつあった。

2079年　"オペレーション・ハウンド"の初期段階の発動。
第一次降下作戦（"オペレーション・ハウンド"）の先遣戦闘集団派兵開始。地球奪還作戦の全面始動。大軍勢が地球圏に向かう。

2080年　第一次降下作戦（"オペレーション・ハウンド"）作戦失敗による予備オペレーション"バラライカ"の始動。
オペレーション"バラライカ"は第一次降下作戦失敗時に発動されるフォロー的作戦。地上降下に成功した約12%の兵力を大気圏外から援護し地上との通信を確保するなどがそのミッションの中核。地球からの

情報を受信する衛星多数が地球の衛星軌道上のスペースデブリにカモフラージュして配置され月裏面には補給基地が、また月軌道にMARS BASEの前線基地としてアケロンが置かれる。

2082年　第二回目の侵攻作戦発動。
第一次降下作戦の失敗に備え当初より二段構えの戦略により温存されていた全ての正面火器、兵力を投入した"第二次降下作戦"が始動。小銃歩兵を機械化したアーマーサイクルや可変戦闘機、大質量降下シャトルなどが投入される。

2083年　第二回目の総攻作戦が決行。大部隊が地球圏に殺到。ゲイトたちの特務隊も本隊と同時に地球降下に成功。火星軍の被害は大きかったが、それでも新型兵器であるライドアーマー部隊の23%が地上に降下することに成功。地球残存部隊と共闘して、微速前進ながら敵の本拠地を目指す進行が開始された。

CHARACTERS 登場人物

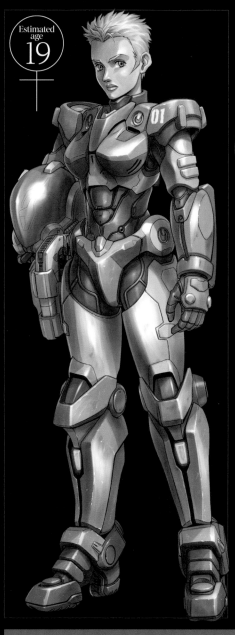

Estimated age **19** ♀

「ゲイト」

Gate

RIDE ARMOR SYSTEM

推定19歳。地球時代、火星開拓時代を通して世界の支配者たる三家四財閥の中心イズメイア家の一員。家督継承順6番にあたると言われる火星生まれ。幼少期の事故より身体の大半が人工物。特殊訓練を積んだ戦闘のプロ。新政権とは距離を置くも、火星の主要鉱物資源の多くを私有財産として保有するイズメイア一族は、政府に対しても影響力を持ち続けている。そして一族の一員はそれぞれ使命を負っており、再びの世界支配完了を最大の目的とする。彼女を育てた叔父の影響が強く、イズメイア家が世界を統治することの意義を語った叔父の一時間に及ぶ演説は、事あるごとに彼女の脳内で再生される。使命を完遂する達成感に快感を覚える傾向を持つ。

ライドアーマーシステムとは?

火星軍は、地球を奪還するに当たって、絶対数が少ない将兵をいかに効率的にインビットに対抗できるようにするかという課題を抱えていた。その回答として開発したのが、各歩兵の機動力、火力、防御力、移動能力を飛躍的に向上させるライドアーマーシステムである。これは、各兵士が着用する戦闘スーツ(RIDING SUITS)と各人が搭乗するバイク(ARMOR CYCLE)によって構成されるパーソナルな兵器システムである。兵士は

通常時はバイクに乗って移動し、敵と遭遇したときはバイク本体が速やかに変形しパワードスーツ(RIDE ARMOR)となることで、機動力、火力、防御力を増強し、一人の兵士でもインビットの個体と同等に戦うことが可能になるのである。

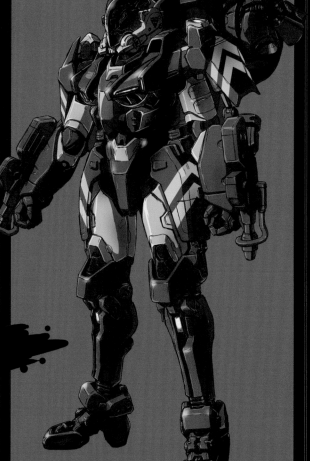

INTRUDER

エブリ・ジェットソン

Every

元は精神医療機器を専門とする臨床工学技士だったが、木星コロニーの Wood-pecker というテロ集団に加わる。階級制を固定化しようとする新政権に反旗を翻した組織で、その志に共感。当初は通信・破壊工作などのテクニカルアドバイザーとして間接的に活動していたが、やがて実動員となる。衛星ガニメデに設置されたリアクターの破壊を試みて逮捕。政府機関施設を多数爆破した前歴から、冷凍禁固300年の実刑を受けるが、情報局・特務部隊に随伴する契約で解放。インビットとのコンタクトにおけるテクニカル面でのアドバイザーとなる。Magnetoen-cephalography（脳磁計）における特許も持っている秀才エンジニア。格闘技・剣術にも秀でる。「磁気共鳴画像の美術」「格闘脳の成立」などの著書あり。禁固刑20年目に解凍・解放されたため出生から46年経っているが実年齢は26歳。

TYPHOON

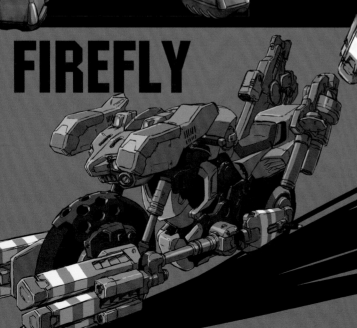

Estimated age 42

カーライル・イーグル

Eagle

軍隊時代、所属していた火星防衛軍においては一等軍曹であったと自称。しかしその後編入した情報局・工作員時代の経歴は不問に伏している。推定年齢は42歳だが、火星居住地で起きた地球派の反乱を鎮圧した際に致命傷を負うも、搭載していた人工心臓を最新式にグレードアップしただけで済んだとの武勇伝を持ち、その他、多くの死線を潜った経歴から"不死身"を自称する。イズメイア家の執事の家系とされ、軍規以外の部分でもゲイトを守る事を使命としている。火器の運用に長け、ブレイカーズ隊に置いてはロングレンジ、ショートレンジ双方の火器を担当。情報局から託されたしかるべき時に至るまで開封してはならない"封緘命令"を所持している。結婚歴が4回か5回か6回ある。

FIREFLY

Age
at death
28

アーダルベルト・シモンズ

Simmons

第一次降下作戦で戦死した十数万の兵士たちの中で、心肺停止状態に在り、蘇生不可能と
なった者たちは、脳の強制再稼働によって、死亡を受け入れるか、ロボットとして蘇生し、兵
士としてGI（兵隊）任務を継続するかを選択させられる。これによって第二次降下作戦には
数万名のロボット兵士が投入された。シモンズは第三回の最終地球脱出作戦で火星へ逃れ、
第一次降下作戦に参加、死亡したが、地球に残された肉親を探すためロボットとなり蘇生。
情報局員に選定されその後ブレイカーズに随伴することとなった。死亡時の年齢は28歳。

GRIZZLY

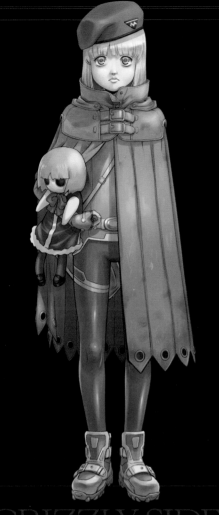

ネセサリー

Necessary

20世紀から行われていた軍事技術としてのサイキックの育成の到達点として、先天的に特殊能力を持つ系譜に、さらに出産以前に遺伝子をデザインして"フォーサイト（越視）"に特化して作られた子供たちのひとり。近未来の状況だけでなく、死んだウサギに触れれば狼にやられたのかハンターに撃たれたのかを感知できる。旧来の、未来を予知するプレコグニション（予知）、過去を見るポストコグニション（過去知）とした区分けは成立せず、空間を統合して"現視点（現時点）から距離的・時間的、さらに因果的に離れた現象"を認識できる能力を総称して"フォーサイト（越視）"能力としている。これは恐怖を受ける前に感知する、困惑する前に過去を知る、といった自己防御本能の超延長上にあり、肉体の成長とともに失われていく傾向があるため、成長を抑制する工作が成されており、従って外見は7歳程度に見えても、発生から何年経過したかは不明。

恐怖をある程度低減する因子を体内に摂取する技術が発達したことを受け、戦士に必要な直感判断力などを、取り混ぜて後天的に摂取することは可能となったが、この"フォーサイト（越視）"能力だけは後天的に摂取できない。

必ずNeで始まるコードで呼ばれ、地球派遣が決まった段階で自身の顛末を知っているため窮地に陥っても一切恐怖しない。フォーサイト（越視）的アドバイスの際は、必ず人形の発言として声色を変えて喋る。人類の脳にこれ以上の感覚的鋭敏さを求めることは不可能とされる。派兵の際には護身用にロボット兵とともに送り込まれる。地位は一級軍事アドバイザー。

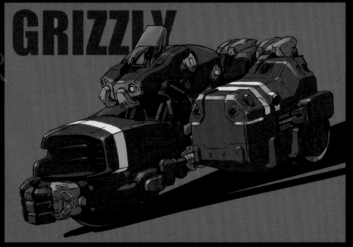

GRIZZLY SIDECAR

グリズリーは、脳と脳幹など最小限の生体以外を機械化された兵士のためのアーマーサイクル。ライドアーマーモードでは、人の動きをトレースして増幅するパワードスーツというより、機械化された兵士の能力を拡張するための追加の強化パーツとでもいうべき機能を持つ。脚部、腕部はもとより機械であり、さらに追加の武装を操作するため、4本の腕をそれぞれ独立して動かすことが出来る。本来のライドアーマーシステムが持つ、ホバリング能力、防弾、防護のためのプロテクターとしての機能も同様に持っているため、さらに強力な個人用兵装としてのポテンシャルがある。同時に組み合わせられるサイドカー状のコンテナは、軍にとっての重要な「装置」であるフォーサイトを安全に搬送し、生命を維持する装置。ライドアーマーモードになって戦闘する際には、車輪部が左右に開いてドローンとして飛行し、戦闘エリアから退避することでフォーサイトを護る。

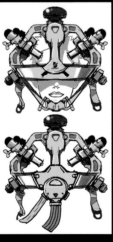

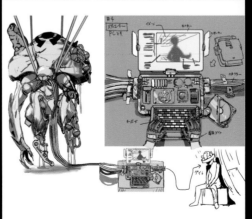

ゲイトが瞑想している時などにランダムに再生される"叔父のアジテーション"は実はランダムに再生されるわけではなくゲイトが再起動した際の初期画面のようなもので、これが再生される直前にゲイトは死亡している。シリンダーで降下した際も激しいGによって最初の一体は死亡。12時間後に新しい一体がカプセルで至近に到着し、自律行動して湖畔の岩に腰掛け起動した。ゲイトが対岸の森に見たパラシュートは自分の乗って来たシリンダーの物ではなく後から送り込まれた2体目を収納していたカプセルのパラシュート。死亡した遺体は回収を恐れ新素体が起動した時点で高熱発火して燃え尽きる。第4話でも新型の第二射でふっ飛んだ時に死亡。従って直後に新型の意識にダイブした時に叔父の演説の再生が成された。他のメンバーはそのことは知っているがゲイトだけは体内時計などを調整され、記憶を連続させられているために気が付かない。

EQUIPMENT 装備

特殊部隊ブレイカーズが
使用する特殊な装備品

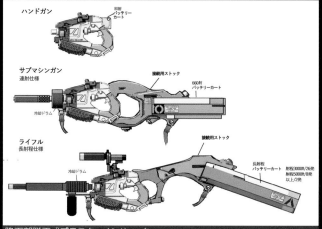

レンジ
切り替え装置

安全装置

80射
バッテリー
カート

1カート
約80射用
冷却カート×4
をアソート出来る

冷却カート×4
のチューブ

サイト

280射
バッテリー
カート
ロング

ロングレンジ
サプレッサー

80射したら
コッキングして
カートを排莢

スリングも
付く

降下兵正式ブラスター リベレーターMk-Ⅲ

ハンドガン

80射
バッテリー
カート

サブマシンガン
連射仕様

接続用ストック

冷却ドラム

660射
バッテリーカート

ライフル
長射程仕様

接続用ストック

冷却ドラム

長射程
バッテリーカート

射程3000ft/26発
射程5000ft/8発
以上/2発

降下部隊正式ブラスター リベレーター

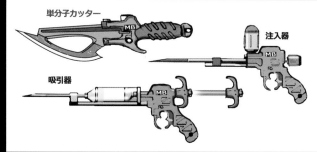

最前線の工具類 TOOL BOX

単分子カッター

注入器

吸引器

単分子カッター、注入器、吸引器

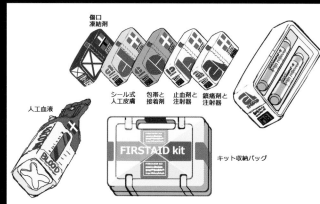

傷口
凍結剤

シール式
人工皮膚

包帯と
接着剤

止血剤と
注射器

鎮痛剤と
注射器

人工血液

FIRSTAID kit

キット収納バッグ

FIRSTAIDキット

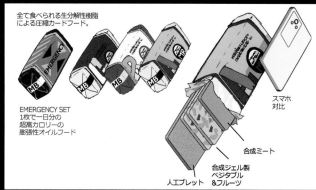

全て食べられる生分解性樹脂
による圧縮カードフード。

EMERGENCY SET
1枚で一日分の
超高カロリーの
膨張性オイルフード

スマホ
対比

合成ミート

合成ジェル製
ベジタブル
&フルーツ

人工ブレット

レーション

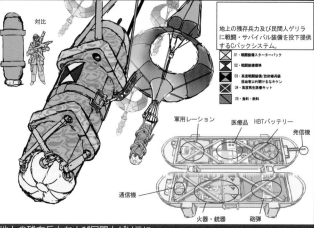

対比

地上の残存兵力及び民間人ゲリラ
に戦闘・サバイバル装備を投下提供
するCパックシステム。

01 ▨ 戦闘装備スターターパック
02 ▨ 戦闘装備標準
03 ▨ 高度戦闘装備/放射線兵器対策
担当者以外開けないようなケン
04 ▨ 高度再生医療キット
05 ▨ 食料・飲料

軍用レーション

医療品

HBTバッテリー

発信機

通信機

火器・銃器

砲弾

地上の残存兵力および民間人ゲリラに
戦闘・サバイバル装備を投下提供するCパックシステム

単分子カッター

MECHANIC メカニック

アーモボマー

BULLDOG

近接格闘用 bulldog(ブルドック)

第03空挺強襲部隊 第32分隊所属

生産され一度リリースされたアーモボマーを、地表降下地点で降下部隊を掩護する近接防御仕様に改造した空挺格闘専用機体。航続距離を犠牲にし、ロケット・ジェットエンジンを短時間高燃焼用にデチューンしたフルバック仕様と呼ばれる機体。近接防御、打撃力を強化。降下部隊の盾となる。

降下艇

第一次降下作戦当初から使用されていた人類軍の大気圏突入用汎用降下艇「ホリゾントシリーズ」の一つ。オリゾンダス(ορ ιζοντας)は旧来のホリゾントよりも大型で、物資満載状態でも一度失った高度に復帰できる推力を持ち、航続距離は地球一周に相当する。左右のコンテナにライドアーマー部隊一個大隊を収納可能。延伸翼を持ちブースターの接続により火星からの自力航行も可能。

SPITEFUL

SPITEFUL
MISSILE
IKAZUCHI
IZUMO

SPITEFUL/Armor Fighter-DBtype (Drastic Battle type)
地上にタッチダウンした後の征圧戦専用の"地上のドックファイター"。可能な限りの近接火器を体中に装備した重装甲特殊機体。第三次降下作戦に投入された。

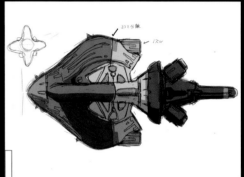

Anubis I /CPMtype1
(Charged Particle Missile)
大気圏に突入した先頭の弾頭が地殻に破壊的な打撃を与える荷電粒子ミサイル1型。

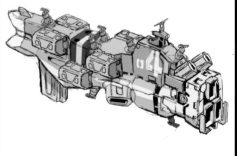

第二次降下作戦用

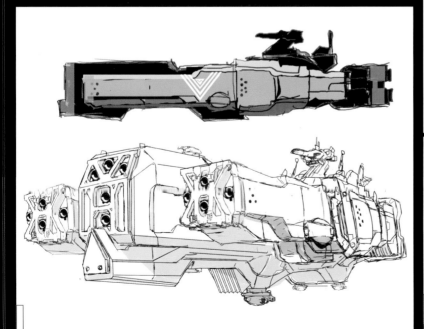

IZUMO/2000ft classBRS (Battle-RifleShip)
第三次降下作戦の旗艦。艦首に13門のシンクロトロン指向性ライフルを装備した砲艦。宇宙空間から地上目標を破壊する威力を持つ。

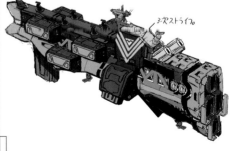

第三次降下作戦用

IKAZUCHI/800ft classBFC
(Battle-Fighter Carrier)
黒塗りの遮蔽塗装した第三次降下仕様の戦闘/空母。多数の降下戦闘機、降下用シャトルを搭載。

INBIT インビット

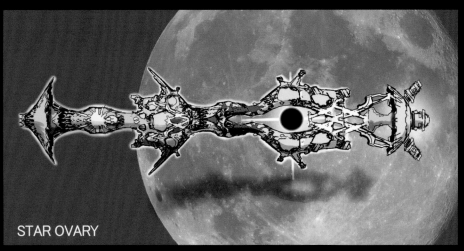

STAR OVARY

インビット

INBIT

designed by Hideki Kakinuma

どこかの惑星で自然発生した生物種ではなく、宇宙意思とも言うべき超存在。前宇宙から、生命、文明を次期宇宙へと播種することを目的として存在する。今期のビッグ・クランチ（大収縮＝宇宙の終わり）が予測よりも遥かに早く進行していることを感知したため、着手していなかった太陽系の生命、文明の摂取を行い、それらをすでに建造中の大容量データシップに転送することを急務としている。宇宙の発生、終焉を幾度も踏破し続けているため、一方方向へと流れる時間の観念を有さない。
一定の形態を有さず、活動する惑星の環境に合わせた群体となって行動する。

インビット宇宙船
地球到達

インビット宇宙船

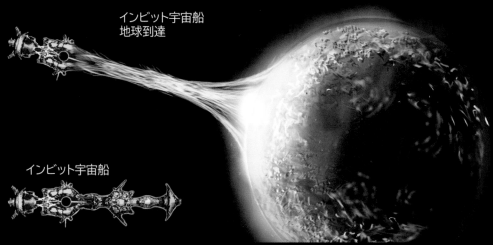

ゲイトとの交戦により破壊された新型の筐体。完全に機能を停止していたが、脳に電力が供給され、エディエーター（意識統合用端末）により強制的にゲイトの意識との交流が開始され、インビットの解明の一助となる。

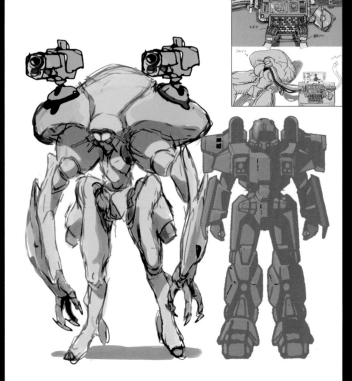

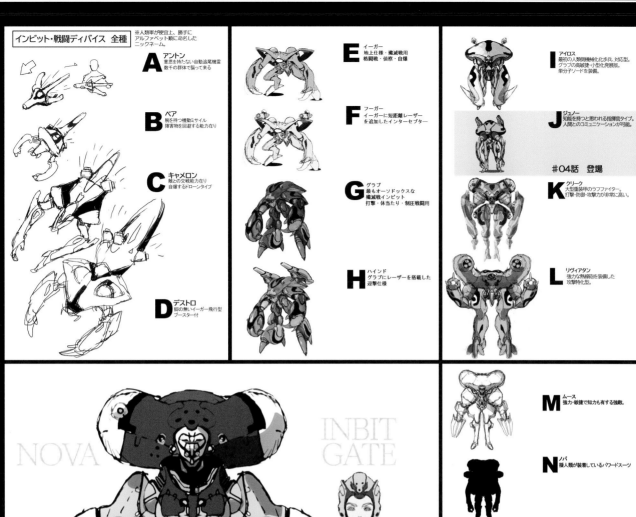

インビット・戦闘ディバイス 全種

※人類軍が硬直上、勝手に
アルファベット順に命名した
ニックネーム。

A アントン
意思を持たない自動追尾機雷
数千の群体で襲って来る

B ベア
胸を持つ機動ミサイル
障害物を回避する能力在り

C キャメロン
敵との交戦能力在り
自爆するドローンタイプ

D デストロ
脚の無いイーガー飛行型
ブースター付

E イーガー
地上仕様・殲滅戦用
格闘戦・偵察・自爆

F フーガー
イーガーに短距離レーザー
を追加したインターセプター

G グラブ
最もオーソドックスな
殲滅戦インビット
打撃・体当たり・制圧戦闘用

H ハインド
グラブにレーザーを搭載した
迎撃仕様

I アイロス
最初の人類側機械化歩兵、対応型。
グラブの高敏捷・小型化発展版。
単分子ソードを装備。

J ジュノー
知能を持つと思われる指揮官タイプ。
人間とのコミュニケーションが可能。

#04話 登場

K クリーク
大型重装甲のラフファイター。
打撃・防御・攻撃力が非常に高い。

L リヴァイアタン
強力な熱線砲を装備した攻撃特化型。

NOVA INBIT GATE

M ムース
強力・敏捷で知力も有する強敵。

N ノバ
擬人類が装着しているパワードスーツ

O ノバtypeO
男性型擬人類が装着するパワードスーツ

P ノバtypeP
女性型擬人類が装着するパワードスーツ

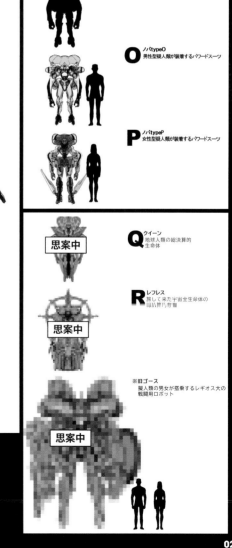

思案中
Q クイーン
地球人類の総決算的生命体

思案中
R レフレス
旅して来た宇宙全生命体の
自立型生命体

思案中
※旧ゴース
擬人類の男女が搭乗するレギオス大の
戦闘用ロボット

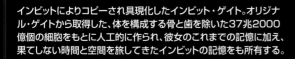

インビットによりコピーされ具現化したインビット・ゲイト。オリジナ
ル・ゲイトから取得した、体を構成する骨と歯を除いた37兆2000
億個の細胞をもとに人工的に作られ、彼女のこれまでの記憶に加え、
果てしない時間と空間を旅してきたインビットの記憶をも所有する。

1/12 SCALE INTRUDER GATE
VRS-077F

ACTION TOY

ゲイト用ライドアーマー「イントルーダー」撮り下ろし紹介!

左右に45mm速射ビームキャノンと後部に偵察ドローンを装備した強襲・偵察型にカスタマイズされたゲイト専用のライドアーマーが、荒牧伸志氏監修の元、完全変形仕様で商品化。設計はT-REXが担当。パーツの差し替えなしでアーマーサイクル状態からライドアーマーに変形。変形用のフレームに一部ダイキャストを使用することで強度を確保。ライドアーマー変形後もガシガシ遊べる完成品トイとなっている。

RIOBOT 機甲創世記モスピーダ外伝 GENESIS BREAKER
1/12 VRS-077F イントルーダーゲイト
●発売元／千値練●25300円、2024年3月発売●1/12、約15cm
●原型・設計／T-REX、フィニッシャー／早川洋司(千値練)

▶▲サイズは1/12スケール。女性型となるライディングスーツをまとったゲイトは、全身フル可動モデルで単品でも遊びごたえ充分。ヘルメットのバイザーを上げるとゲイトのフェイスが拝める。眉・瞳はタンポ印刷済みとなっている

▼専用のハンドパーツ
も用意され、アーマーサ
イクル状態へのライ
ディングも自然に決まる

◀付属の専用台座が棒軸のアウトラインのアーマーサイクルを実現。底面にあるスタンドやステップはもちろん可動式で、バイクを自立させることもできる

▲VRS-077F イントルーダー。実車を参考に今までにないアウトラインのアーマーサイクルを実現。底面にあるスタンドやステップはもちろん可動式で、バイクを自立させることもできる

▲テール部分は偵察ドローンになっており取り外して飛行形態に変形が可能

◀エネルギータンクであるHBTは留め具を外せば設定通りに取り外しが可能

▲▶付属の専用台座を使えば派手なライディングポーズも楽しめる。専用台座は本体への接続部分が棒軸のものとアームタイプの両方用意されている

▲ライドアーマー状態。アーマーの重量もあり素立ちでの自立は難しいが、専用台座で展示が可能

◀ライドアーマー状態でもさまざまなアクションポーズが可能。専用台座でさらにポージングの幅が広がる

イントルーダーゲイトはこうして誕生した!

1/12 SCALE INTRUDER GATE VRS-077F

ここでは荒牧伸志氏とT-REXの監修のやりとりを紹介。ゲイトのライディングスーツのシルエットやディテールの追加、アーマーサイクルの風防やカウルの位置など、詳細にわたる指示が見受けられる。

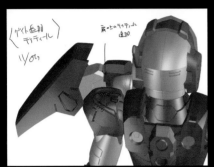

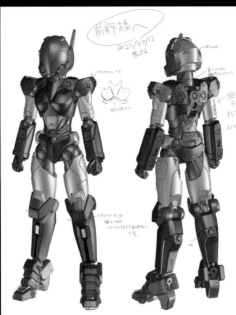

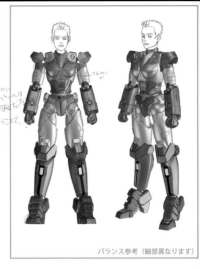

バランス参考（細部異なります）

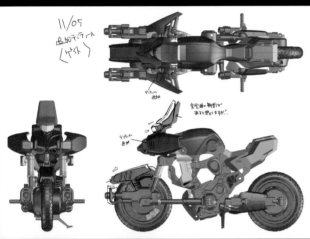

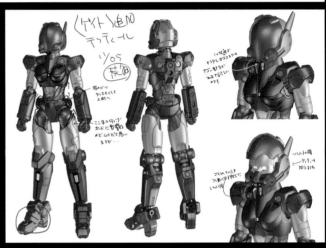

イーグル開発用画稿も!

イーグル用のライドアーマー、ファイアーフライも開発用データが進行していた。商品化は現在未定だが、開発再開を期待したいところだ。

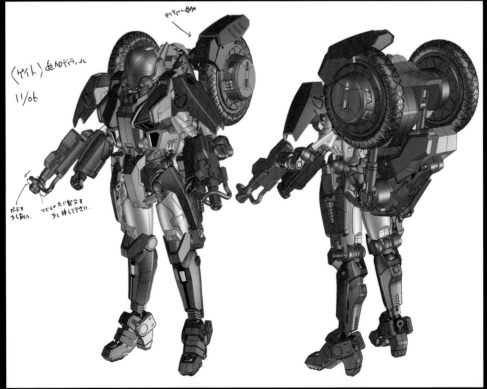

GENESIS BREAKER

ジェネシスブレイカー

月刊ホビージャパン2022年10月号より2023年9月号まで
12回にわたり連載された小説を加筆修正した12篇に加え
本書用に新たに書き起こされた新作3篇を収録。

「構うな、進路ゼロ。前方の戦艦の

[01] ―イントルーダー― 侵入者

侵入者

ラージスケールオペレーション2083

本作戦の統合司令部たるアーケロン機動司令船が、月公転軌道上の定位置に着くと、もはや全ては後戻りできない段階となった。とうに覚悟を決めた参加兵員たちは、アーケロンからの作戦発動サインを受けると、持ち場に着いた。艦隊総司令から戦艦の床拭き係までが。

参加将兵82万3000人、参加艦船1200隻。空母に戦艦、重巡洋艦、駆逐艦、揚陸艦、大質量降下艇、輸送船、兵員輸送船に病院船。あらゆる種類の艦艇が一つの目的のために投入された、人類史上最大規模のラージスケールオペレーションが開始されようとしていた。

80年ぶりの火星の最接近は去年の8月31日だった。同月出港した大艦隊は、それから約4か月後の本日、2083年1月、地球圏に到達したのだ。目的はただ一つ。地球を侵略者たちから奪還するためだ。

視界を埋め尽くした艦船の中に1000ft級母船が在った。その陰で待機していた小型駆逐艦サンダーチャイルドも戦闘速度へと加速した。第一次降下作戦時には主力として戦った歴戦の勇士も、とうに耐用年数を過ぎた老艦となっていたが、装甲と新型核融合エンジンを増設・搭載し、機動性は新造艦にも引けを取らなかった。

白髪の目立つトーマス・R・ワイゼット艦長と、そして訓練生のようにも見える若いクルーたち12名がその操艦デッキに居た。三方を覆っていた防護シールドが開くと、青い惑星の放つ暖かい光がデッキを満し、クルーたちの強張った表情も、一時だけ綻んだように見えた。

戦艦たちは、巡航時の三角隊形を解くとコンバットボックス隊形に再編成し、後続の降下部隊のための突入回廊を確保する防壁となった。その直後だった。脅威を確信した敵は、宇宙と大気との境界線、カーマン・ラインの円弧の向こうから恐ろしい速度で襲来すると、数万の単位で人類軍の艦船に襲い掛かり───砂鉄が磁石に吸着するように纏わりつくと、───寸暇を置かずに自爆した。

爆発はたちまち艦船の外殻を貫通し、砲弾庫と動力ユニットに至ると連鎖的爆発を誘発。巨大艦船たちは次々と小太陽のような眩しい火球となって次々と散って行った。この一瞬に於いて、恐らく人類が火薬を有して以来の爆発エネルギーの総量を遥かに超える、そんな規模の壮大な爆発のラッシュが巻き起こったのだ。

突入

敵の攻撃は寸暇を置かず続いた。小型カニ型デバイス、タイプE、通称"イーガー"の群体

が、帯状動体となって波状攻撃を掛けて来た。戦艦たちが全方位砲撃を行ったとしても、とても排除できる数ではなかった。視界が全て、敵で埋め尽くされる、そんな勢いだ。

「旗艦イズモより入電‼空母、揚陸艦は第二列へ後退！ 駆逐艦は盾となって前進‼ 突破口を確保！…つまり根本的な戦術の変更です！」とサンダーチャイルドの通信士が叫んだが、しかし。

「構うな、進路ゼロ。前方の戦艦の下を潜って大気圏を目指せ」

と、この不測の事態にそぐわない、落ち着き払ったワイゼット艦長の声に、18歳になったばかりの操舵手はオートパイロットを解除し、コントロール・コラムを握り直すと、サンダーチャイルドを小舟のように操ってその命令を実行した。敵は人類側艦艇の大きい順に襲って来る。まずは巨大な空母、戦艦たちを排除し、次に火力の大きな一等駆逐艦、次は大型強襲揚陸艦の順だ。従って古ぼけた小型駆逐艦は後回しだった。無数の敵の群体がサンダーチャイルドの横をかすめると後方で列を成す空母群に襲い掛かる。

操舵手はモニター内に可視化された大気圏上層との相対位置表示だけを注視し、船尾を大きく振ってドリフトさせて90度転進。艦長の指示どおり巨大な戦艦の腹の下をすり抜けると、大気圏への突入回廊に飛び込んだ。構造強度の限界を超える酷使に、老朽艦の船体は聞いたことのない悲鳴を上げてきしむ。しかし理想的な突

下を潜って大気圏を目指せ」

入コースに乗る直前に、船体はより激しい振動と悲鳴を上げた。

「艦長…今のは?」

スピーカからの声は、若い女のもので、操艦クルー以外の第三者のものだった。艦長に対して明らかに対等なもの言いだった。

「後続の戦艦が爆裂・大破、その煽りを受けた。お陰で突入角が大分狂ってしまった。補正を試みるが…もしも間に合わなければ予定よりも早く切り離す公算が高い。その準備を」

艦長が業務的に返した。

サンダーチャイルドは使命を帯びていた。

万難を排し使命を全うする。そのことがクルー全員に徹底されていた。船体下に半埋没式に搭載された降下用カプセルと、その搭乗員たちを無事に地上に届けること。それがサンダーチャイルドのミッションの全てだった。敵と交戦する必要も無ければ、友軍の艦船を掩護する義務もない。

しかし不測の事態に、操舵手と機関士が必死に突入角度の補正を試みたものの、サンダーチャイルドは理想的でない姿勢のまま、高度をどんどん失って行った。振動は激しさを増し、そして限界は予測よりも早く到来した。艦長は全搭乗員に告げた。

「船殻がもう持たない。33秒後に高度6800で切り離す」

予定より遥かに高い高度だが、それが唯一の選択だと思えた。返答はすぐに返って来た。

「艦長、感謝する。あとは任せてくれ」

と、女の声は冷静に告げた。

「Godspeed」

艦長はそう挨拶を送ると、任意のタイミングでカプセルの切り離しを実行した。カプセルはサンダーチャイルドから分離すると、緩やかに自転しながら地上へと向かって落下を開始した。そして愚痴や、状況を呪うスラング、場違いのジョークも言う間もなく、カプセルの搭乗員たちは5つのシリンダーに隔離されると鳳仙花の種が弾けるように空中で分離、四散した。AIが最適解に従って実行した手荒い対処だった。そのうちの一つ、シリンダーNo.1は、ジャイロ・スタビライザーの働きにより、致命的な姿勢となることだけは避けられたものの、地上に向かって急角度で、隕石のように落下を続けた。爆音が空に響いたのはその直後だ。サンダーチャイルドは数千の金属片となって砕け散り、唯一、クルー達を載せたデッキユニットだけが原型を留め、しかしそれも火の玉となって地表に向かって落ちて行った。

夜

青黒い夜空を映した湖面に、黒いシリンダーが付き立っている。加熱していた炭化ハフニウムの耐熱外殻も冷えて、漏れ出た推進剤が水面に虹色の波となって漂い、対岸の暗い森には切り離されたパラシュートが見える。

状況の安定を感知すると、エスケープハッチが自動で爆破開口し、そこから這い出してきた人影は、頭から湖面に落下した。しばらくしてようやく湖畔に這い上がると、彼女は膝を突いたまま進んだ。そして行き当たった大きな岩に体を任せて持たれ掛かり、深いため息を漏らした。200ヤードほど離れた鬱蒼とした黒い森の木陰からは、2頭の灰色狼が、別の星からやって来た異星人の挙動を見つめていた。

本来ならまず、なにを置いても実行しなければならない――直轄本部への報告も、装備の点検も、周囲の状況の把握も、――全て後回しで、岩を背にして座り込んだままの彼女――ゲイトは、ゆっくりと周囲を見渡した。

彼女を取り囲むものと言えば、目の前の小さな湖と森と岩だけで、その風景は黒と青の絵の具だけで描写できる、そんな様子だった。そして星空を映した湖の畔にこうして座り込んでいると、宇宙の闇の中に放置されたような、そんな錯覚にも陥った。冷え切った体は、このまま周囲の風景に同化してしまいそうでもあった。

髪の毛の先端から滴る水滴を拭うこともせず、果たしてどれほどの戦力が無事に地上に降り立ったのか、と思いを巡らす。戦局を一番把握していないのは最前線に置かれた彼らであり彼女らなのだ。湖面を見つめていると、やがて「イズメ

GENESIS BREAKER

01 INTRUDER

シンニュウシャ

イア一族の血を引く者こそが、世界の唯一の支配者である」と語る、叔父の演説風景が、その顔の皺の一本一本までが明瞭に思い出され、再生された。彼女を突き動かす原動力であると同時に、束縛する源泉が、この一族の誇りにこそあった。「我らの意思と行動とで世界は変わる」とする家訓とともに。

しかし瞬きをして我に返ると、ゲイトは自身の腕や足の関節を確かめるように動かして見た。半分が人工物の体だが、降下時に最大で16Gの重圧が掛かったことが、彼女の脳内レコーダーには記憶されていたからだ。しかし幸い重大な損傷は認められなかった。続いて網膜にMAPを呼び出すと、彼女の現在位置は降下予定位置からは2000マイルもズレていることが判明し、部下たちに関しては果たしてどこへ落下したのかすら判らなかった。

短い休憩は終わりだ。

ゲイトは失った時間を憂い、行動を開始した。彼女は密命を負っていた。地球全土を占拠しているインビットを制圧し、北米大陸にある敵の拠点と目される"レフレックス・ポイント"へ侵攻することを唯一の使命とする一般の機械化歩兵とは異なり、彼女たち"ブレイカーズ中隊"は特殊任務遂行のために送り込まれたのだ。そのための訓練を行い、そのための特殊装備を持って、今、地球と言う未知の最前線に着任したのだ。

彼女は立ち上がると湖に半分漬かったシリン

ダーに戻り、耐火繊維に包まれた積載コンテナから、必要な物資だけを取り出し、そして最後にアーマー・サイクルを引っ張り出した。

それは火星の軍産複合体が開発した可変戦闘バイク、モスピーダ・イントルーダーのプロトタイプで、近接戦闘仕様をさらに極近接戦闘用とし、アクチュエーター、サーボモーターの反応速度を極限まで上げ、探知・解析センサー類を増設した、かなり偏った特性を有する、言わば特殊任務のためのカスタム仕様だ。

鈍く赤く光る車体表面は、耐熱の限界を超えた光学エネルギー兵器の攻撃に対しては、表層が解けて対応する最新の"融溶装甲"だ。これによってドライバーの生残率は格段に向上した。動力源は複合水素をバッテリーとするHBTシステムだ。

「地上に降りたら5分と同じところに留まるな」と言う、最前線における教訓を思い出したゲイトが、メットを被ろうと頭上に翳したその刹那、ヴァイザーに何かが光った。

太陽だ。

出発

気が付けば空が、続いて周囲の風景が色を帯び始めていた。一陣の風が吹くと、湖面に細波が生まれ、空虚な闇の中に取り残されている、

と思っていたのは、大きな誤りであることを、ゲイトは直ちに知った。空の一隅にはまだ月は残っているが、間違いなく夜が明けたのだ。

ゲイトは岩の上に飛び乗ると、周囲を見回した。すると、そこは大きな窪地の中心で、外周数マイルほどの火山湖なのだ、ということが把握できた。首を回して森を眺める。すると、信じられない種類の色と陰影とが目に飛び込み、黒かった湖面は空を映して眩しく光りはじめていた。詰め込まれた知識の中から植物相の判定を行い、地形の特徴の把握に努めようとしたが、同時に鼻から吸い込んだ大気に含まれる無数の塵を、嗅覚神経が分析を始めてしまった。湿った大地から立ち上った水蒸気には、草の吐き出す酸素、菌類に胞子、バクテリアにウィルス、何かの結晶、土塊を始めとする正体不明のなにか、そして蒸せるような臭気が、処理しきれない情報の洪水となって流れ込んだ。同時に急速に鮮やかさを増す景色に翻弄され、彼女の全ての機能がブラックアウトして、糸の切れた人形のように大地に転がった。

ゲイトが、手首にタトゥのように浮き上がった再起動スイッチに触れた時、すでに数分の時が経っていた。身体モードをニュートラルに固定し1G1気圧仕様に再設定し、それから事態を分析した。すると結果が視界の中に表示された。索敵・交戦などの"戦闘モード"と、環境を人間的感覚で把握する"感性モード"とが同時に起

動してしまうと言う、あるはずのない誤作動が生じたのだ。火星の人工都市では起こり得なかった現象であった。踏み締めた大地は想像よりも柔らかく、大気は混ざりものだらけで、気温も光も風も匂いも色も影も、無数に存在し、そして一瞬たりとも一様ではない。そんな複雑な環境は、火星の軍事シミュレーターでは再現されていなかったため、それらの全てが未経験であったのだ。

ゲイトは戸惑った。そして軽いめまいを残したままだったが、しかしこの場から立ち去ることを優先した。到着からすでに20分ほどが経過していたからだ。

バイクに跨りパワーユニットを起動し、加熱を待たずにスロットルを回す。

3秒で時速60マイルまで加速し、なだらかな斜面を一気に駆け上がった。外輪山の頂点で停止し、腰のブラスターを引き抜くと、振り返ると同時に、精密射撃体勢を取った。そして乗って来たシリンダーの、漏れ出ている燃料バルブに狙いを定め、躊躇なくフルパワーで単射した。光の矢を受けたシリンダーは大爆発し形を失って果てた。自分たちがこの惑星に侵入した痕跡は、敵にも味方にも、誰にも知られないことがもっとも望ましいからだ。静寂を破る爆音に驚いた鳥たちが、森から飛び去って行くのが見えた。

進行方向に目をやると、そこには無限の荒涼とした大地が広がり、それは彼女の生まれた火星にも似ていた。ヴァイザーを下ろし進路を北北西に定め、本来の予定降下地点を目指すのだ。散り散りとなった部下たちもそこに集まるからだ。砂と岩屑の混ざった斜面を危険なほどの高速で下り、平坦地に至るとさらに加速し、砂塵を巻き上げ必要以上のパワーで疾走する。遮蔽物の無い平坦地ほど危険なものはないからだ。単騎の状態で敵のパトロールに出くわすのは、ありがたくない。

巡航最高速度に達するとパワーユニットの唸りも、そして自身の心も初めて安定した。"侵入者"は登ったばかりの陽光を背に受け、そして地平の彼方へと消えて行った。水に濡れた体に、太陽は…暖かかった。

つづく

1※再生された。
覚醒時、睡眠時を問わず24時間に一度、ゲイトが使命を忘れぬように、ランダムなタイミングで、過去の記憶として一族の長のアジテーションが脳内で自動再生される機能がある。

「水を貰う代わりに加担するわけ

02 —The Sniper スナイパー

MAP ▶▶▶

ガレ場

村
広場

墓場

西の谷

ゲイトの進路

敵の主力

ゲイトの目指す目的地は、隊員たちとの集合地点と決めていた人類軍の補給基地だ。幸い、インビットのパトロールとは遭遇せずに、道程の半分は来たはずだ。そして今は飲料水の確保が急務となっていた。数分前に放ったドローンが周囲3マイルの地形状況を送って来る。勾配のある森を下ったところに集落がある。それは小さな川の畔に位置していた。

愛車のイントルーダーを木陰に停車し、木の枝でカモフラージュすると徒歩で集落へと続く獣道を下る。

対物センサーを過敏モードに設定していたせいで、森に生息する小動物、種別不明の虫たちの影を捉えたが、その他の脅威は感知されなかった。やがて…暫く進むと視界は開け、集落の全貌が見渡せた。

地球上の近代文明が崩壊して30年程が経過しているとはいえ、木片と石の壁で囲われた村には、崩れかけた石造りの家が十数戸と、風車、錆びた煙突以外のなにものも見当たらない。その光景は、中世の様相を呈しており、ゲイトはその現実に衝撃を受けた。煙突から登る白い煙には、食料を煮炊きする生活の匂いがした。

現地民とのコンタクトに備えて地球訛りのイントネーションも記憶バンクから引き出して用意した。今、人類にとって、奪還作戦こそ至上命題であるため、地球に残存した者たちは、火星から来た奪還軍の軍人に対しては作戦行動に必要とされるものを提供する義務があり、協力を要請する際は、必ず高圧的な命令口調で接すべし、とする地球人との"接触マニュアル"も暗記している。しかし水を確保するには銃は必要ないだろう、などと思いを巡らせ歩を進めるうちに、枯れ枝を踏んだ。想定外の乾いた音がした。ゲイトは反射的に自分の足元に目線を落とした、その刹那。頭部に激しい衝撃を受けると、彼女は地面に転がった。ヴァイザーには "Shooting!" の文字が浮かび、けたたましくアラートが鳴った。

メットのこめかみに強烈な直撃を受けたのだ。初速は音速を超えるライフル弾だ。入射角度があと10度ほど深かったのならメットを貫通していた可能性もあった。ヴァイザーの視界に弾道の音跡が示される。それは前方10時方向・距離

350ヤードの岩陰からの、ゲイトの頭部を狙った正確無比の一撃だった。混濁する意識が正常化するには十数秒を要したが、メットのレコーダーは敵の挙動を正確に捉えていた。

敵は陽の当たる岩を遮蔽物としているため体温検知が難しかったが、ゲイトはブラスターを引き抜くと、敵が潜んでいる真上の木の枝を薙ぎ払った。火花とともに太い枝が頭上に落下するとスナイパーはたまらず悲鳴と共に走り出した。

この時、勝敗は決した。動いている限り敵の正確な位置とベクトルは把握できる。ゲイトは逃走する敵を、円錐軌道を描いて追跡し真横から黒豹のように飛び掛かると、首根っこを押さえ地面に押し付け、その後頭部にブラスターの銃口を向けた。しかし引き金を6割程まで引き絞った段階で動きを止めた。なぜなら敵は想定の半分の大きさもなく、首は小枝のように細かったからだ。

残された村

ゲイトは村の中央の井戸の前に立つと、正面に並んだ数名の村人たちに銃口を向けていた。「軍人に対しては何時もこんな歓迎なのか?」と恫喝じみた低い声でゲイトが問う。

髭に顔を占領された一番年を食った村長がそれに答える。

「ではない」

「違う…違うんだ。"奴ら"が来るんで警戒していたのだ。まさか火星の兵隊さんとは知らなかったのだ」

続いて村長の隣の若者が口を開く。

「村の正面の森から来るのは"盗賊団"しか居ない。だからシンディーは撃ったんだ」

答えたのはシンディーの兄のロバートだ。ゲイトは次にそのシンディーなる少女に銃口を向けた。

「だって…その赤っぽい軍服は…正規軍のじゃないでしょ」

手を上げたままそう応えた、その12〜13歳と見える少女が、スナイパーの正体であった。

ようやくゲイトにも、村人達の置かれた状況の入り口ぐらいは理解できた。そこで改めて自身のメットの弾痕を確認した。見事に急所に必中している。

「正確な射撃だ。何処で習った?」との質問に。

「習ったんじゃない。シンディーは突進してくる灰色狼でも仕留められる。生き抜くためさ」

と、ロバートに言われてから注視すると、少女の胸には狼の牙と思しきアクセサリーが七つか八つ、ぶら下がっていた。敵を倒した勲章だろう。続いてライフルの出どころも尋ねた。少女の身長ほどもある長銃身ライフルは、ガスオペレーション式、軍仕様の狙撃銃で、とても旧式だが粗悪品では無かったからだ。

武器の類は"西の谷"と呼ばれる"第一次降下作戦"の激戦地へ足を運べば手に入る。墜落した物資輸送用シャトルが幾つも転がっているからだと言う。

村は日々の生活を送っているだけならインビットには襲われない。村人たちの脅威はむしろ無法化した軍人たち、つまりは"第一次降下隊"の生き残りの元軍人たちで、周期的に村を強襲し、必要なものをすべて奪って行くのだと言う。ひととおりの経緯を聞いたゲイトが、目線を夕日の射す小高い丘に移すと、そこには十数の墓標が見て取れた。既に村人の半数が命を落とし、今度襲撃を受けたら恐らく持ちこたえられない、と村長は付け加えた。以前の村も同じ理由で追われ、そしてここに定住したのだ、と聞くに至って、ゲイトはようやく彼らに向けていた銃を下した。

そんなゲイトに村長は。

「水なら好きなだけ持って行くといい。そしてあんたも直ぐに立ち去った方が身のためじゃ」

と井戸を指したのだが、しかしゲイトは井戸には見向かずに言い放った。「村人を全員集めろ」

スモールオペレーション

村人は老若男女、合わせて40名程だった。しかし戦えるであろう若者は半数も居ない。ライフルの類が3、アサルトライフル1、狩猟用ショットガン2、そして軍用迫撃砲と砲弾6。起爆するか否か不明の錆びついたグレネードが十数発。それが武器の全てだった。熊や狼の襲撃ならそれで事足りるかも知れないが、襲って来る"盗賊団"は可変装甲バイクとブラスターで武装していると言う。村長の言うとおり、襲われたらひとたまりもないだろう。しかし村人たちを前に、井戸の縁に立ったゲイトは言う。

「水を貰う代わりに加担するわけではない。私の兄も"第一次降下作戦"で戦死した。そんな命がけの作戦に参加した軍人が盗賊に成り果てたとは捨て置けない。おそらく奴らは正規の軍人からも略奪を繰り返している。従って」そこまで大声で告げると最後に呟くように付け加えた。「取り除く」

ゲイトはドローンに、村周囲の情報を集めさせると、地面に地図を書かせた。空撮で得た情報をトーチビームで砂に焼き付けるのだ。ゲイトは村人たちから聞き及んだ情報も加えて対策を提案する。

「いいか、この際、冬に備えて蓄えた薪は残らず3フィートくらいに切って、村の正面に、8フィート間隔で突き立てる。森を出たところにだ。バイクの前後輪の軸距離に対してこれが一番乗り越

えにくい障害となる。ただし中央に走り抜けられる隙間を残し、それをだんだん狭くして、奴らを村正面のここに誘導する」

枝を使っての解説だ。

「スマートボールのように丘を下って森を抜けて来た奴らを、真正面の一点に誘導するのだ。銃器担当者たちはそこにのみ照準を合わせ侵入してくる奴から狙い撃て」

そして右手でホルスターからブラスターを引き抜き、肩には持つのがやっとのバイク装着用重火器を担ぐと。

「私は屋根の上からイレギュラーな動きをする奴らを仕留めて行く。村の後方を見て回ったが、小川と岩だらけの枯れ場だからバイクでの侵入は不可能だ。従って前方のみ防備する。奴らも一撃で勝負に打ってくるはずだ。明るいうちにカタを付ければ夕食時には勝鬨を上げられる。以上だ」

決意の籠った物言いにロバートが一歩進んで言った。

「なんだか…あんたのお陰で戦えそうな…そんな気がしてきたよ」

しかしゲイトはグラブをはめたままの利き腕でその頬を軽く叩くと、彼の眼をのぞき込んで。

「勝たないと全滅なんだぞ。部下だったらぶっ飛ばしてるところだ。お前が指揮を執って障害物を構築しろ。」と命じ、続いてシンディーともう一人の若いライフルマンを指名して村の前方を見渡

せる木に陣取らせ、警戒させた。その他にも夜を徹して石を積み上げ、小さな簡易的隠蔽壕を幾つか作らせた。気づくと空は白んでいた。

決戦

上空1600フィートまで上昇したドローンが敵の動きを、ゲイトのヴァイザーに伝えて来た。武装バイク集団は、ほぼ一塊となって村に迫って来るのが見て取れた。全部で16騎だ。予測通りの真正面からの襲撃だった。なだらかなスロープをバイクで走り降りてくる敵の一人一人にズームする。鉄板で追加した装甲、サイケデリックなペイントの施されたメット。威嚇のつもりか滑稽なドクロマークも見て取れた。ヘラジカの角をメットに括りつけている者も居る。そして奇声を上げて突っ込んでくるその様子は、野生化した人間そのものだ。ゲイトは、敵が排除すべき存在であるとの確証を得ると、昨夜取り決めた軍用サインを皆に送った。

持ち場について火器の安全装置を解除せよ、のサインだ。そして自身も石造りの家の屋根に腹這いとなって、ブラスターを連射モードにセットすると息を凝らした。

戦いは短時間で終了する。そう確信したゲイトの予想どおり、最接近した数台は見事に村、正

面でシンディーたちの正確な銃撃に倒れたが、そこは奴らも元軍人だ。後続の一群は停車すると隊列を組み直し、遠距離からブラスターの連射攻撃に切り替えて来た。こちらのマズルファイアーの位置に、目掛けて撃ち込んできたのだ。降り注ぐ光弾に土や木や石の破片が飛散り、村人の何人かが弾けて飛んだ。敵は手ごたえありと見るや、そのまま勢いに任せてふたたび奇声を上げて突っ込んで来る。しかしゲイトは敵が射程入ると躊躇なくブラスターの連射で瞬く間に3台を始末した。ようやく高性能火器の存在に気付いた残敵は、あわてて撤退を開始したが、ゲイトは立ち上がると敗走するその背中に照準し、そして無慈悲に引き金を引いた。

戦いは終わったかに思えた。有視界の敵影は排除されたからだ。しかしその時、村の裏手で爆発音が鳴り響くと、飛来した光の弾が、ゲイトのすぐそばで炸裂し、ゲイトは石楼と共に屋根から飛ばされて地面にたたきつけられた。

その場の全員が振り返る。

青ざめた村人の一人が必死の形相で走っては来たものの、背後からのビームに貫かれて絶命した。ゲイトの耳に届いた爆音は、直ちに記憶バンクと照合されると、第一次降下隊仕様の装甲可変バイクのエグゾーストだと結論づけられた。二台のバイクはジャンプとホバリングを繰り返し、ゲイトが走破不可能と断じた枯れ場を、巧みに

超えて村に侵入して来たのだった。フロントカウルにはバイク搭載のロケットランチャーが見て取れた。あれに暴れられたら村は全滅だ。ゲイトは起き上がると応射の姿勢を取ったものの、再び膝から崩れ落ちた。地面にたたきつけられた衝撃は短時間では回復に至らなかったのだ。

敵を甘く見た代償だった。

しかし窮地を救ったものは思わぬ伏兵の存在だった。2両の装甲バイクは、いずれも跳ね上がった放物線の最高点で、思わぬ方向から飛来した紫色の眩しい閃光の直撃を受けると、ライダーもろとも、粉々に吹き飛んだのだ。そして火の玉となったパワーユニットが隕石のように飛んできて、ゲイトの目の前に落下した。

村側面の生け垣を突き破って現れたのは、傾きかけた日差しを青くはじくライドアーマーだった。そのドライバーは村人たちの衆目を集めたまま、バイクから降りるとゆっくりと進んで、ゲイトへと向かい、挨拶とも敬礼とも取れる仕草を見せた。メットを被ったままのスピーカーの抑揚のない声が言う。

「通り過ぎようかとも思ったが、あまりに不甲斐ないので割り込んじまった。もう一人、村を俯瞰できる位置にスナイパーを配置するべきだったな。しかしまあ、半日でシロウトを組織化したのはたいしたもんだ」

と、言いつつメットを取ると周囲を見回した。ゲイトよりは痩身の女である。

「エブリ…」と、ようやく立ち上がったゲイトの声を受けると伏兵は続けた。

「感謝ならいらないよ。作戦終了まであんたの指揮下で働くと言う契約で"出獄"を許された身だからな。こんなところで死なれちゃ困るんだよ。で、ほかの連中は?」

体の砂を払いながら立ち上がったゲイトが応える。

「レコーダーにも正確なログが残っていない。恐らく高空で切り離された直後に空中で四散した。そして予定降下地点から数百マイル流された。暫定的集合地点の第17補給基地まで行くしかない」

との報告を聞くと、やれやれと肩をすくめてから。

「その補給基地が残ってればいいけどな。まあいいさ、で…夕食くらいは振舞ってもらえるのかな」

出発

丘の上の墓標の数は増えてしまったが、村は辛うじて守られた。太陽がまだ登らないと言うのに水の補給を済ませたゲイトとエブリは、バイクに跨るとそのパワーユニットを始動させた。

村から伸びる一本道は"西の谷"に向かっている。そこはインビットの支配領域だ、と村長の声に対し。

「奴らと接触するのが、我々の任務なんだ」

とゲイトが言い放つと、見送りに集まった村人たちは一様に仰天した。

「エブリ…先導しろ」と、ゲイトはエブリを先に行かせた。

すると走りだそうとするゲイトにシンディーが駆け寄って、墓標に手向けたと同じ紫色のスターチスの花束を持ってきた。そして言葉少なに。

「お兄さんに」と告げた。

確かにゲイトは"兄は戦死した"と言った。しかし。

「死んだという報告は受けたが…まだ信じちゃいないんだよ」

とゲイトがシンディーの耳元で漏らすと、シンディーはその花束を自分の胸に引き戻した。

回転数が上がり切り、爆音が村に響く。それに掻き消されない大声で、ゲイトは振り向かないままロバートに言った。

「ロバート! やり方は覚えたな、次はお前が村を守るんだ」

言い終わらぬうちにゲイトは前輪を浮かせてダッシュすると、既に遠ざかったエブリのバイクを、追撃する速さで走り出し、村を後にして…そして消えて行った。

つづく

「それに…あいにく湿度が高いし上空8000ftあたりには乱気流だ

03 —Dess point— デスポイント

エブリの装備はセンサリング機能に特化しており、1立方in内に20個ほどの匂いの分子も見逃さない、そんな精度だ。風が運んでくる土埃の中にFe2O3（酸化鉄）や破砕したコンクリート粒子、カーボンの燃えかすなどの異物、そして人が吐き出す窒素やアセトンなどを感知し、それを辿って行くと、ソビエル巨大なプラント群が忽然と現れた。

ゲイトとエブリの二人はここまで荒野を100マイルも走破して来た。バイクの防塵フィルターは目詰まりし、バイザーも砂だらけだ。その過酷な旅の終着点が、この巨大なプラント群である。ダクトとパイプが絡み合った巨大なモニュメントが数え切れぬほど立ち並びそしてそれらは、朽ち果てていた。

ここに来たのには理由があった。残存兵力がこのプラントに集結中との情報を得たからだ。

地上の人類軍と大気圏外の指令機関との通信は、敵の強力で高度なディセプション方式のジャミングによってままならない。しかし地上に居る孤立した歩兵や小隊間で交わされる水平情報ネットワーク"ホーリー"（※）だけは、複数の通信方式を混在し、一方方向で拡散することが可能だった。降下作戦時に兵士の半数以上を失い、更に地上降下後に散り散りとなった兵員の再集結、補充を期し、"この廃プラントへ集合

せよ"との呼びかけが、ゲイト達にも届いたのだ。

散り散りとなった"ブレイカーズ"メンバーの情報も得られるかも知れない。そんな可能性を期待してゲイトとエブリもここへやって来たのだ。しかしプラント敷地に立ち入るや、二人は戦闘を感知した。エブリはセンサの捉えた状況を報告した。詳細に。

「敵はE"イーガー"（※）タイプ3体、G"グラブ"（※）タイプ2体からなるインビットの1戦闘ユニット。こちらはAC(アーマーサイクル)打撃タイプ6、重火器装甲兵2。あと何人かの歩兵たち…けっして有利とはいえない状況で、交戦中だ」

エブリはそう冷静に報告すると、ゲイトの顔を覗き込んで、さて隊長さん、加勢に行くか、どうする？　という目線を送った。が、しかし、すぐさま。「いや待て待て…東南東、高度800…敵の増援隊だ。Gタイプ2体だが、内一体が…既存データに無いディバイスを付けてる。"集塵ポットのようだが、新型の磁気兵装かも知れない"。と、アイク(軍用AI)が言ってる」とエブリは続けた。

ゲイトは"既存データに無い"というエブリのその一言にピクリと反応するとバイザーを跳ね上げて。「センター（インビットの指令中枢）（※）とのダイレクト通信アンテナという可能性はあるか？」と興奮気味に尋ねる。が「いやあ、この距離じゃそこまでは…データには無い装備、としか判

断できない。確証が欲しけりゃぶっ潰して調べるしかない」との返答を受けると、ゲイトは"イントルーダー"のパワーユニットを戦闘モードに切り替えて、降下して来る2体の敵を迎え撃つ事を決めた。

ブレイカーズ隊の主任務は"インビットの詳細を探り、敵とのコンタクトを試みる事"にある。そのために情報局から派遣された特務隊だ。従って通常の歩兵のように、ただ単に敵を撃退・破壊するだけでは終わらないのだ。

遊撃

ゲイトとエブリは二手に分かれた。エブリはそのまま進んで、新手の予想降下地点で敵を待ち受ける。一方ゲイトは加速すると大きな残骸をジャンプ台にして上空100ftまで飛びあがると、右グリップ付け根のチェンジャーを押した。愛車"イントルーダー"がバイクの形を失う。と時に全てのフレームがゲイトの装着したライディングスーツのしかるべきコネクターにジョイントすると、ドライバーの攻撃・防御力を100倍化する鎧となってゲイトの体を覆った。背部からの噴射で敵の倍の高度へと飛翔すると、今度は体を直線化し前面投影面積を最小化したまま、"特別な敵"目

…外したら許せよ」

がけて矢のように降下した。敵は2体だが、ゲイトはその内のアンテナのようなものを背負った"特別な1体"しか目に入ってはいない。

自分に向かって急降下して来る異物を、敵はすぐさま感知した。が、そのシルエットを人類側の装甲騎兵と認識するのに1秒弱を要した事が、勝敗を決した。ゲイトの放った先制の一撃が敵の頭頂部のウィークポイントに、絶妙の入射角でヒットした。マイクロ徹甲弾が外殻を貫通し内部で炸裂すると、まず神経ターミナルが破壊された。敵はバランスを失い、そのまま落下して5階建てのストラクチャーにぶつかり、弾かれて太いパイプ何本かと共に落下。頭から地面にめり込んだ。

ゲイトはその傍らに音もなく着地すると、至近からニードルを放って高電圧のパルスを見舞う。秒間16回の規則正しいパルスがインビットの内郭や、更にその内側のマッスル細胞に伝達されると、彼らは痙攣したまま一切の身体機能を失う。遅れて落下して来たダクトやパイプが頭上からゲイトを襲ったが、彼女はそれらを全てブラスターの掃射で薙ぎ払った。

こうしてようやく静寂が訪れた頃、左肩の装甲に損傷を受けながらも、もう一体の敵を"始末"したエブリが、やれやれというジェスチャーと共にゲイトの元へと戻って来た。

だが仕事は終わってはいない。むしろこれからだ。ゲイトは敵の残骸の上に飛び乗ると、ワインオープナーと俗称される単分子カッターで、獲物の背部のアンテナ装備を切り取り、それをエブリに投げて渡した。エブリのソードが破砕音波振動を獲物に与えて、その装備を詳しく探る。
「ははあん…こりゃ個体同士を結ぶネットワーク用の長距離中継アンテナだな。なかなかの出力を持っているが、しかしセンターに接続する特別機能は持ち合わせていないようだ。残念ながら」と簡潔に報告した。
「なんで指揮タイプでもないのが長距離通信器を持ってる。たまたまか」
とのゲイトの疑問に対し、エブリは、さあね、と肩をすくめて見せた。

ゲイトたちがもう一つの戦闘の現場に着くと、そこでも決着がついていた。しかし対応した部隊の戦力は半減し、残された歩兵は数名となっていた。114旅団の生き残りで、随分と若く見えるストマックと名乗る伍長が、その小隊を纏めていた。先週まではポリティカルアドバイザーと軍医が居たがいずれも戦死、今では彼が最上位者だと言う。

そのストマックに続いて兵士たちが順に自己紹介を行ったが、最後に打撃仕様のモスピーダに跨ったままの一人の兵士が、ゲイトとエブリに挨拶した。

バイクに付属する兵装、火器の類は通常の騎兵の倍はある。
「カーライル・イーグル。軍隊時代の階級は一等軍曹。特殊任務遂行中であり通常戦闘への参加は義務ではないが自由意思で参戦した。所属部隊と逸れてしまい上官殿は生きているのか、はたまた迷子のままで…」

イーグルの言葉の終わりを待たずゲイトが。
「イーグル!! 生きているとは思っていたが、探し回ったぞ! で、シモンズとネセサリーはどうした?」と尋ねる。
「ヤツらこそ死んでるはずがない。俺もここへ来れば全員に会えると思ったのだが、まだ迷子がいたか」
とイーグルは発しながら、やれやれと眉を上げた。

飛来

二個中隊、100名を超える残存兵力がプラントに集結中だった。114師団が再編成されれば敵地上目標への精密爆撃が可能となるとストマックは言う。

041

「レフレックスポイントの周囲にある敵の中規模防御拠点は、こちらの侵攻の妨げなので、上層部は正確な誘導ビーコンさえあればいつでもAクラスのサーモバリック弾（燃料気化爆弾）"ネガティブⅡ"を発射してそれらを排除する用意があります。"ネガティブⅡ"は月軌道だけでなく地球周回軌道のスペースデブリに偽装した簡易射出筒にも多数配備されており、ビーコンを感知さえすれば最短十数分で目標に正確に着弾、破壊します」と、ストマック伍長は早口で解説した。しかし暫く黙っていたゲイトが口を開いた。

「その誘導ビーコンとは通常のパルス信号か？」

「宇宙戦艦などが艦隊を組む際に使用している相対位置測定式の電磁波ビーコンです。レーダーでもアンテナでも電磁波可視化レンズでも受信できるので再突入式ミサイルなどの誘導には最適なんです」とストマックが一息で応える。

「114旅団はそういう誘導装備を持っているという事か」

とのゲイトの質問に、ストマックは少し離れた位置でレーションを口に運ぼうとしていた部下の一人を手招きして呼んだ。そして彼が背負っているバックパックを指し。

「通信兵専用の送受信ユニットに、ビーコン発進用のバッテリーと書き換え不可能なソフトが1セット、増設してあります。あとはスイッチオンで誘導ビーコンが発進され…」

説明するストマックをゲイトが遮った。そしてある事に注目した。

「このループアンテナみたいなのはなんだ!!」と通信兵の背負ったバックパックから突き立った特殊なアンテナを指さすと、声を荒げたのだ。問われた歩兵はそれを通信状態に伸ばして見せてから、その質問に答えた。

「電磁波を共鳴させるビーコン発信専用のアンテナです」

そう聞くとゲイトと、エブリの二人は顔色を変え、互いの顔を見つめた。動揺を隠さず、しかし一度つばを飲み込んでからゲイトはストマックに見向き、そして。

「まずいぞ!!　集合して来る連中を退避させろ!!今すぐに」と怒鳴ったのだ。面食らったストマックが一泊置いてから当然尋ねた。

「いったい…どうしたんです？」

「こいつは罠だ。一撃で丸ごとひとつの部隊を潰せる凄く効率的な作戦だ。時間がないぞ!!」と興奮してまくし立てるゲイトに替わってエブリが説明役に回って。

「さっき破壊した敵Gタイプがこれと同じアンテナを装備していた。同じヤツがきっと今もこの広大なプラントの何処かに潜んでいて、こちらの兵力の集合を確認した後に、ミサイルをここへ誘導するつもりだ。そうすれば集まった歩兵、全員を跡形もなく、一撃で葬れる。しかも人間たちの切り札で。そういうすばらしい作戦だ」

エブリの解説が終わるのを待たず、ゲイトが続けた。

「分かったら接近中の連中に今すぐこのプラントから離れるように告げろ!」

ゲイトがストマックの鼻先まで近づいて大声で言う。しかし。

「遅すぎますよ。我々も今すぐ退去しても、とても爆破圏外にまで離脱するのは間に合わないでしょう」

と通信兵は、まるで落ち着いたまま告げた。

「ホーリーはネットの書き込みみたいなもので、全員がリアルタイムで受信できるとは限らないんです。無線通信のような同時相互通信手段じゃない。受信者が気が付いて解凍して初めて本文を確認できる、そういうものなんです」と続けた。

じゃあ打つ手はないのか？　とゲイトは自傷的ににやけながら周囲の兵隊たち全員を見渡した。

イーグルもポーカーフェイスで答える。

二つの夕陽

イーグルはライドアーマーを装着した後、一番高いプラントのてっぺんに登って足を踏ん張り、"ボーゲン速射砲"（※）を構えた。ライドアーマー車載用としては重火器に類するレールガンだ。バイク用のHBT電源ユニットと専用のキャパシタを、本来のレールガン電源ユニットに直結して、限界の発射速度を得ようと言うのだ。幸い砲身はまだ数回も使用していないため、この一撃で砲身バレルが使用不能になっても、控えがまだ一つ残されている。初弾をフルパワーで、最悪第二弾を残存電圧で撃ちだすことにした。

共通のソケットを介し、ゲイトとエブリのバッテリーパックを直結し最大出力以上の一撃を絞り

出すべく、砲身のリミッターをオフに。射撃モードを直接照準から動体射撃モードに変更し、3マイル圏外で弾頭を破壊する設定とした。

「いいか、言っておくがこの俺の装備は長距離砲ではないし、まして高速で接近して来る飛翔体を狙い撃つには適していない」と、網膜に投影されたターゲットスコープをあれこれ調整しながらイーグルが言う。そして更に続けた。

「それに…あいにく湿度が高いし上空8000ftあたりには乱気流だ…外したら許せよ」と言うイーグルに対して、「解説はいいから早く済ませてくれ。腹が減ってることに今気が付いたんだ」とはエブリだ。しかしゲイトはそんな軽口には付き合わずに「絶対に外すなっ!! 命令だ」と厳格に言い放つ。

やがてイーグルのターゲットサイト内に対象物が現れ、補正済みの画像にピントが合った。敵は正確に再突入式ミサイルを、まさに"ここ"に誘導していた。白い航跡を引いてミサイルが正確無比に、着実に、冷徹に接近して来るのが見て取れたのだ。イーグルは安全装置を解除すると躊躇わずにトリガーを引き絞る。

そして射撃のベストタイミングが表示されたが、イーグルは弾頭にロックしていた照準を、いったん解除すると、急遽ミサイルの誘導可動翼に合わせ、自身が納得したタイミングで一撃を放った。砲身が光となって飛び散るような激しい紫電が走ると、湿った大気を鞭打つような音とスパークが生じ、そこから伸びた一閃の光の尾を引いて直径0.4ゾンナの細くく長い超硬質弾芯が飛んだ。

その一撃を受けると、ミサイルは稼働翼を根こそぎ失い、そして前方1/5ほどが砕け散ると一度大きく跳ね上がり、制御を失って本来のコースから大きく外れて飛び去った。螺旋状に迷走し、ジンバルの制御を失って明後日の方向へ。そして地上の全員が見届ける中、沈もうとしている夕日に向かって吸い込まれて行くと、やがて推力を失って地平線に落下した。起爆剤に点火するとオレンジ色の火球が生じ、それは夕陽と明るさを競い、しばらくしてから大気を震わす振動と熱波が伝わって来た。

114旅団は再結成されたが、特殊任務を帯びるゲイトたちにとっては、余計な寄り道だったかもしれない。

「敵インビットの未確認タイプが、東部および西部戦線で確認されている」

出発準備を終えたところでゲイトは"ホーリー"で得た情報をエブリとイーグルに開示した。下士官以上でないと解凍できないラッピングされた情報だった。

「それらと接触した者たちは月軌道の前線司令部（※）へ情報を上げようとしているが、まだ通信は遮断されたままで届いてはいない」との付帯情報もゲイトが報告する。

「それが当面のターゲットという訳か」とイーグルが自慢の砲をようやくバイクのあるべき定位置にアタッチし終えてから言う。

「出会ったら反射時にヤッちまいそうだな」とは念願の夕食を済ませて、少しだけ満足げなエブリだ。

「とりあえず西へ…補給基地へ向かう」

と言葉少なに告げてイーグルに先導を命じた。ゲイトたちは114旅団に別れを告げて再び荒野へと走り出した。

つづく

※"ホーリー"
人類軍の地球奪還部隊たちが、敵の強力な通信遮断環境下で共有するネットワーク無線通信。双方向対話型ではなく、暗号化された情報を敵のジャミングの虚を突いて拡散する情報拡散網。

※"イーガー"
敵インビットの主力ディバイス（敵に直接作用する正面兵器・尖兵でありインビットそのものではないとの憶測からこう呼称されている）のタイプの一種。生産数が多く群体による質量攻撃を受け持つ。ライドアーマー装備によって撃破可能。

※"グラブ"
攻撃・防御力を向上させた"イーガー"の上位タイプのディバイス。ライドアーマーはこのタイプを撃破するために開発された。

※センター
インビットの拠点とされる"レフレックスポイント"の中枢。大規模作戦発動時に通信情報伝達が最も集中する部署を人類軍が感知した事からそここそが敵の中枢と目されている部署。

※ニードル
インビットの装甲を貫通し内部筋肉をパラライズさせることのできる針状の実体弾。レールガンから発射可能。

※ボーゲン速射砲
イーグルの使用するモスピーダ『ファイアフライ』搭載の連射可能のレールガン。

※月軌道の前線司令部
通称アーケロンと呼ばれる人類軍の最前線司令部ステーション。月裏面の軌道に位置し火星本部からの指令を検討、降下部隊に伝達する。

GENESIS BREAKER

03 Dess point

デスポイント

「やけに静か過ぎる…しかし空気
これは元テロリストのカンだ」

04 —Contact— コンタクト 前編

　雲が低く垂れこめ、風は湿気をはらんで冷たく、昼間だと言うのに薄暗い。氷雨が落ちてくるのも時間の問題だろう。通信障害はデリンジャー現象なのか、それとも敵によるジャミングなのかは判別できない。眼前に広がるのは、氷河が削った荒々しい渓谷だ。巨大な岩が無数に転がり、有史以前の風景を思わせた。

　エブリが岩の上に立ち渓谷全域をくまなくサーチする。

　そこは兵器の墓場だった。降下作戦に於いて、軟着陸に失敗した沢山の降下シャトルや戦闘機の残骸が無残な姿を晒している。目的の"装備"が充分入手できると推察される。

　それはHBTチューブでも最も小型軽量。メカの起動用から火器のエネルギー弾倉としても使える汎用性の高いバッテリーの入手が急務となっていた。

「エブリが先行。私がその後に随伴。イーグルは距離を取って後方から援護。」

　完結に命じると、ゲイトは"イントルーダー"のパワーユニットを始動した。しかし、前方に広がる風景を見つめているエブリは、「どうにも見晴らしが良いのが気に入らないね」と漏らすのだった。そしてさらに加えた。

「アタシのディレクティブ・センサ(指向性感知器)に何か引っかかったらエマージェンシーサインを送るから、その時は何をしていてもその場から退去して」と、注意を促すのだ。

　地上は全て敵インビットの制圧下にあり、一瞬の油断も死を意味するが、しかしいつも以上に慎重なエブリは、これから起きる何かを感じ取っていたのかも知れない。

「…地雷でも埋まってる、って、そう言うのか?」とイーグルが独り言のトーンで言う。

　だが躊躇している暇はない。ゲイトたちは岩場を走破すると、渓谷へと一直線に下って行った。

　そこは航空燃料にロケット燃料、潤滑油に金属の焦げた匂いが鼻を突く、そんな淀んだ空気に支配されていた。そんな中、誰もが、最も収穫がありそう、と踏んだのは大型降下シャトル"ホリゾント"のコンテナだ。兵員から装甲車両まで、なんでも積載できる汎用性の高い降下艇で、降下作戦にもっとも多く投入された機体である。

待ち伏せ

　ゲイトたちはバイクを降りると、残骸と化した降下艇の破損個所から機内に潜り込み、早速に物色を開始する。

　と、ほどなく砲弾、弾薬を収めたパレットの中に、目的のバッテリー類を認めた。最も多くの兵装を装備しているイーグルは、片っ端からエネルギー残量チェックを試みて、使えるものをピックアップし、そうでないものを無造作に投げ捨てた。そんな中、エブリは作業に集中できない様子だ。突如、捜査の手を止めると、機外へと走り出てライドアーマーを装着した。そしてコンテナのランプから飛び降りて地面に立つと、その場の幾つかの石を蹴飛ばし、露出した地面にセンサ・ロッドを突き立てた。続いて瞑想するかのように瞳を閉じる、その突然の行動にゲイトが声を上げた。

「どうしたエブリ!!」

「やけに静か過ぎる。しかし…空気は張りつめてる。これは元テロリストのカンだ」

　確かに言われて見れば風の音以外、虫の声も聞こえない。エブリは続ける。

「あの日、アタシたち反政府組織は木星のコロニーに潜入し、リアクター爆破を画策した。が、どうにも事がうまく進み過ぎた。気づいた時には当局の警備隊に囲まれ逮捕され、その後、320年の冷凍禁固刑に処された。上手くいきすぎるときにはそういう顛末がまっいてるもんだ」

　そこまで話すとエブリは手際よくセンサを格納し、その場を跳ねのくと、鈍く光を弾く超高周波ソードを抜刀し、真一文字に構えた。そして200ft ほど前方の大きな岩を見据えた。ゲイトと

は張りつめてる。

イーグルもその行動に注視する。直後、数トンは
あろうかと言う岩が砂礫と化して砕け散り、土中
からGタイプ "グラブ" が飛び出すと、身動きしな
い獲物、ゲイト目掛けて飛び掛かった。敵の影が
エブリを飲み込んだその時、両手で構えたソード
が空気を割り、光跡を残して美しい半円を描く。
敵の2本の足は根元から切断され、その胴体は
エブリの背後に地響きと共に落下した。そして体
液ともオイルともつかぬ、ぬらぬらした飴色に発
光する液体が飛沫となって周囲、一面に散った。
敵は大きな岩や残骸の下に、完全に生体反応
を遮断し潜んでいたのだ。静寂は破られた。敵は
次々に地中から飛び出すと、躊躇なく襲って来
る。イーグルとゲイトも降下艇から飛び出すと直
ちにライドアーマー形態 にスイッチし戦闘モード
へ。そして襲い来る敵と対峙した。

谷底の決戦

　イーグルは、右肩の速射砲と左肩のグレネー
ドランチャーを交互に発射し、自分目掛けて突っ
込んで来る敵との間合いを130ftに保ったまま、
後方に飛んで空中姿勢を保ち、そして連射を続
けた。イーグルの攻撃を両腕で防御した敵はそ
の双方を失ったが、意に介さず、さらに加速して

自身の体でイーグルを圧し潰しに掛かった。
「奴らの戦闘ソフトが更新されてる!!　以前より
も凶暴だぞ!!　敵の腕の旋回半径外に間合い
を保てっ!」とのイーグルの適切な忠告は、通信
が遮断されているため、残念ながら誰にも届かな
かった。
　エブリは早くも二体目に致命傷を与えたが、
ソードを上段に構え直し、あえて静止すると次の
敵を待った。
　一方、戦闘態勢を取って軽やかに飛びあがり、
そして着地したゲイトの目の前にも敵が居た。そ
の敵の、猛烈なカギヅメの一振りを危うく交わし、
攻撃態勢を取ったその時、"自身の判断を取り
やめ、ここはマシンの指示に従え"との忠告が
ヴァイザーに浮かぶ。緊迫した状況において、搭
載された戦術ソフトが主導権を主張して来たの
だ。しかしゲイトはそれを無視し、自身の判断で敵
に照準した。が、今度はターゲティング・サイトが
"unknown" の文字で埋め尽くされた。眼前の敵
も "特定出来ない" と言い始める。最もポピュ
ラーなGタイプ "グラブ" とは同じところが一つも
ない、二回り小ぶりなそれは、まさにゲイトが探し
ていた "新型" だと思われた。
　攻撃をためらったゲイトは高く飛んで射撃姿
勢を取り直したが、敵に虚を突かれた。敵の放っ
た複数の光の弾がゲイトを襲い、その内の一発

が彼女の足の爪先を掠めて飛んだ。直撃は避
けられたが弾道のエネルギーはゲイトの下半身
に伝播し彼女に感電のような衝撃を与えた。致
命的ではないが、彼女は空中でバランスを失うと
厳つい装甲車の残骸の上に落下し、強かに体
を打ち付けた。そしてバウンドし、残骸の裏側に
転がり落ちた。
　受動的な回避行動が命取りになりかけたの
だ。しかしゲイトにとって "新型" は、リスクを取っ
てでも確保したい対象なのだ。逃がすわけには
いかないが、同時に粉々に破壊することも避け
たいのだ。そんな思惑を抱くゲイトに、積極的な
攻撃が行えるはずが無かった。
　しかし敵は想像より俊敏で、同時に想像以上
のパワーも持ち合わせていた。ゲイトを追って
来ると、装甲車の残骸を引っ掴み、それを力任
せに払いのけたのだ。だが、そこに居るはずのゲ
イトの姿は無かった。敵は一瞬狼狽した。ゲイト
は、と言うと、放り投げられた装甲車の死角に身
を寄せたまま、装甲車と共に飛び退き、車体が
地面に落下すると同時にその陰から飛び出して
ブラスターの銃身の過熱限界である12連射を
試みる。最初の数発は空を切ったが、続く数発
で敵の下半身を吹き飛ばした。が、同時に敵の
放った最後の一撃がゲイトを捉えると、彼女の
体は後方に弾け飛んで地面に転がった。

　駆けつけたイーグルが、両者の間に割って入って、敵、目掛けて大口径の実包を照準した。しかし「撃つなあっ!」というゲイトの叫びに、イーグルは攻撃を中止した。通信をジャミングしていた個体がエブリによって破壊され機能を停止したため、通信は回復していたのだ。

　敵に照準したままイーグルはゲイトに振り返る。倒れたままのゲイトの傍らに、エブリも着地した。そのまま暫くの時間が経過して、事態は収束した。

　「こいつが探してた"新型"だ。間違いない。データバンクに無いシルエットで、全てが不明だ」と、立ち上がる前に、興奮気味に早口でゲイトは言う。

　「それはあんたのタクティカル・ソフトのみの限定機能だ。俺なら何時でも、なんでも、誰でも撃てる」とイーグルは、まだ撃ち足りない様子だったが、しかしようやく兵装の火器管制システムをOFFにして、自身の興奮も収めた様子だ。だがエブリはだけは違っていた。緊張を解かずに、風の音に耳を澄ませていた。指向性センサを起動させ、自分を中心に検索範囲を広げていった。そして。

　「おい!!　油断するな…どうやら…まだ…終わってない」とくぐもった声で告げるのだった。彼女の言うとおり、その静寂は仮りのものでしかなく、第一ラウンドが終わったに過ぎなかった。イーグルは収集したばかりのHBTチューブの一つを、早速、自分の兵装に接続し、射撃システムを再起動した。

　伏兵たちは、今度はゆっくりと、土中から這い出して来た。次々と。

　「まずい!!　思ったより数が多いぞ、固まっていては不利だ」

　ゲイトが叫ぶ。

　敵はゲイトたちを取り囲むと一撃離脱戦法を取りやめ、今度はゆっくりと、じりじりと間合いを詰めて来る。この状況に置いてはライドアーマーの特性を生かした、一気に飛び上がって敵射程から離脱する戦法が悪手であることは、誰にでも理解出来た。空中で全方位から射撃されては避けようがないからだ。しかしこのままでは敵の集中砲火の標的となる運命は明白だった。もはや一か八かの捨て身の脱出しか、残されていなかった。

　「一点突破だ!!　付いて来い!」

　覚悟を決めたイーグルが、自身を盾とし突破口を見出そうとした。それが彼の任務であり唯一の良策に思えたからだ。

　が、その時、エブリのセンサがまたしても何かを捉えた。今度は誰の耳にも届く甲高い音だった。それは突如の飛翔体だ。それらが放つドップラー共鳴は時間単位でどんどんと短くなってくる。つまり迫撃砲弾がゲイトたち目掛けて降って来るのだ。それも1発や2発ではない!!　説明の暇もないと知ったエブリは大声で「伏せろっ!」とだけ叫んだ。それしかできることがなかった。

　ゲイトたちを取り囲んでいた多数の敵は、まず迫撃砲弾の雨を食らい、つづいて狙い済ました水平射撃を受けると、ものの数分で破砕し、粉々

に散って形を失い、そし沈黙した。4.9インチ迫撃砲弾が、3人の周囲に、そしてゲイトの鼻先にも着弾したが、敵味方識別シーカーが機能して、それらの砲弾は起爆しなかった。

コンタクト

　事態の収束を知ってゲイトたちが顔を上げると、曇り空を背景とした渓谷の稜線には多数のライドアーマーの姿があった。彼らも物資の補給のためにこの渓谷にやって来たに違いない。十数名からなる分隊。彼らを率いる少尉は、ゲイトたちからの感謝の言葉を聞くと、無駄な話を挟まず、直ちに散って物資の物色に取り掛かった。しかし一台のサイドカー付きアーマーサイクルだけは、エンジンを停止し惰性でゲイトたちの目の前までやって来ると。

　「目的の補給基地は遠すぎる。でだ。残存兵は…脱走兵でもない限り、レフレックス・ポイントに向かって進攻する事になっている。つまり進行すれば自然と兵たちの分布密度が増し、こうして偶然、感動の再開、と相成るわけ訳で…」と語るのは、ブレイカーズのメンバー最後の一人、シモンズだった。一見してその体が"被造物"である事がわかる大男だ。「で、ネセサリーが西に行けって、そう言うもんで来てみたら」

　と、サイドカーに収まった少女を親指で指示した。最前線に最も似つかわしくない人形のような出で立ちの少女が、自分とよく似た人形を手

にし、そして空いている方の手で"チャオ"と挨拶した。

「主戦闘要員が何週間も隊長をほったらかしか!」

ゲイトがシモンズの目の前まで進み出て、挨拶代わりに言い放った。そうだそうだとエブリがゲイトの後ろから首を縦に振る。

「待ってくれ、イチがバチか、敵の制圧地帯を横断して来たんだぜ。それに」

と言葉を続けようとしたシモンズをゲイトは遮ると。

「武勇伝は後で聞く事にする。それより収穫があった。メンツが揃ったところで、直ちに"本業"に取り掛かろう」と、先ほど撃破した"新型"を顎で示した。

敵を排除した部隊は谷底に留まって物資を漁っているが、ゲイトたちは少し離れた場所に陣取ると"本業"に取り掛かった。下半身を失った"新型"の筐体を、まずシャトルの残骸にワイヤーで吊るした。力仕事は、シモンズの出番だ。そしてその首の付け根に露出した体液循環動脈を切断し、脳神経へと続くファイバーの束を引っ張り出すと、そこに万能コネクターを接続。脳活動を継続させるための電力を供給し、思考回路も再起動させた。それはエブリの仕事だ。そうしながらエブリが分析する。

「外郭は疑似カルシュウムと成長性高密度フッ素樹脂。内側は従来のケラチン質だな。ただ外殻は何らかの錬成加工が施されていて弾性と

硬度は従来のものより格段に高い。小柄だが合成筋肉の密度も高く比重は大きい。動きも機敏だし四肢の結合位置が昆虫のそれよりもむしろ人間に近い。コイツが東部および西部の最前線で最近確認されてる、噂の"新型"で間違いない。既に司令部はコードネームを付けている。G=グラブ、H=ハインド、I=アイロスときてこの新顔はJ=ジュノーだ。」

と一息で報告すると、ノート型のメディエーター（意識結合用端末）※を開き、そこから伸びたケーブルの一端をヘッドセットのコネクターにも接続した。あとはゲイトがそのヘッドセットを被りメディエーターの機能を借りてゲイトの思考パルスを奴のそれに同調するだけの段階へと至った。幸い敵の脳は無傷だった。

旧来のタイプの脳はと言うと、「攻撃するかしないか」それを判断するだけの原始的で単純なものだった。しかしこの新型ははるかに大きな脳を持っている。つまりようやく"話し合える"、そんな高度な思考・判断力を持った恐らくは指揮官タイプが最前線に投入されたのだ。

「本当に危なくなるまで接続を絶つな」

と命令してゲイトが発電機の残骸に腰掛けると、エブリがためらわずにゲイトの意識と肉体とを切り離す。ゲイトは首をうなだれその意識は対象の奥深くに吸い込まれていった。

その様子にイーグルが「安全なんだろうな」と念を押す。エブリは肩をすくめ手を開いて見せた。それは当然! とも取れれば さあね とも取れる、それは曖昧なジェスチャーだった。

「意識の中では、助けにも行けないしな」

と言いつつ、シモンズも腕を組んで静観を決め込むしかなかった。その時メディエーターのスピーカーを介してゲイトの声がした。

「回廊が見える…意識の道筋も。では…行くぞ…モニターしていろ」

メディエーターが作り出したその声は、何故か幼女のような、幼い声だった。それは彼女の"意識の声"だ。彼女はそのままうす暗い通路を進んで、敵の意識の奥へ奥へと向かって進んで行く。実のところ、奴らインビットがどこの誰で、何者で、その目的は何なのか。一切知る事もなく、人類はこの難敵と戦い続けているのだ。そろそろ挨拶を交わしてもいい頃だ。

「嵐が来るよ。通信は遮断。衛星視界も使用不可。暫くは…敵も味方も…足止め。戦線は膠着状態。」

と、ネセサリーが感知した近未来を淡々と告げる。手にした人形の声色と口調で。

ちょうどその時、冷たい雨滴が落ちて来た。

後編につづく

※メディエーター／mediator
エブリが持つ、意識間の仲介を調整するツール。インビットとのコンタクトを目的とするブレイカーズの専用アイテム。

の脳には強制的に電力が供給され、メディエーター（意識結合用端末）を介し、ゲイトの意識との交流が開始された。先ほどから降り始めた冷たい雨は、大きなシャトルの残骸によって遮られていて、その下で全ての準備が整えられ、それは実行された。

エブリはメディエーターで状況をモニターしているが、その他のメンバーは腕を組み、ゲイトと"新型"を取り囲むように立ち尽くし、ただただ状況を見守るしかなかった。ご意見番のシモンズ、ボディガード役のイーグル、そして少しだけ先の事を"フォーサイト（越視）"できるネセサリーと、彼女の人形は、メディエーターが作り出すゲイトの音声レポートに耳を傾けている。

侵略者インビットは全くもって謎の存在だった。その存在の究明に挑んだ専門家たちも、それが「作られたもの」なのか「生まれて来たもの」なのか、それすら断定できないと言う。

彼らは何も語らない。

であるなら彼らの記憶や意識に潜入するしか、彼らを知る術はないのだ。彼らの"脳"が活動を停止する前に、意識が途絶える前に、アイデンティシャル（正体）を求めて、——例え危険であっても——彼らの意識の中に"没入"し、内側から観察するしか手立てはない。

上がった画像を指さし、シモンズもそれに視線を投じる。しかしエブリは面倒くさげに。
「これは便宜上、進行方向を明るく表示した疑似パース画像。奴の意識は思ったより包括的で深い。ゲイトが迷子にならないように、それからめんどくさい外野席の観客たちにも分かり易いように、こうして可視化しているの!」
と振り返らずにモニターを注視したまま説明した。
「迷子になっても一人で帰ってこないとね…ドロシー（※）みたいに」とはネセサリーの意味ありげな独り言だ。

それを受けてイーグルが「ブリキ男と…」と、目の前のシモンズを指さし、続いで自分を親指で示し「ライオンは役立たずって事だ」と、言ったその時、ゲイトのレポートが帰って来た。
「待って…進行方向に"誰か"居る!!」

予想もできないその報告に、全員がモニターを覗き込んだ。
「誰かだって? いったい誰だっ」
「ホントだ!! 誰か居るぞ」

イーグル、シモンズが、モニターの奥に現れた人影を認めて、続けざまに大声を上げた。

バグが生じた、としか理解できない状態に、エブリはキーを幾度か叩いて対応する。

「ああ…なんてことだ。こんな時に。これはゲイトの叔父だ!!」と落胆して手のひらで顔を覆う。イメージの中の叔父は、イズメイアー一族の血を引く者こそが、世界の唯一の支配者である。と、時と場所をわきまえずに語り始めた。エブリも苛立ちを隠さずに、ゲイトの脳内で起動したその余計な"再生"をスキップできないものかとキーを連打した。
「なんだい、ゲイトの記憶なのか」とシモンズ。
「使命を忘れないように、しかるべきタイミングで再生されるアジテーションのようね。家柄とか地位とかあると、不便なものね」と呟きつつ、エブリはしかし時間を無駄にはせず、この暇を使って意識の奥へと光る道標を付け加えた。滑走路の誘導灯のように。
「ゲイト…聞こえる? 深部へ向かう誘導マーカーを付けたわ。叔父様の演説が終わったら、とりあえずもっと深い階層へ進んで」とエブリが指示を送った。

面倒なイベントが終了すると、エブリの誘導で、より奥へ、深部へとゲイトは進んだ。そして暫く直進すると、目の前に構造物が現れた。エブリが実況中継を続けた。
「中心に深層心理、その外を顕在意識が取り巻

る。大きな星だ。」

いている。…しかしここはまだ外殻に近いためか…多くの領域が感覚器官のサーキットに充てられている。…ここから全てをレコードする」

進みながらゲイトが告げた。

「見えてる? 正面にゾーニングされた領域が見えて来た」

とゲイトの報告に、エブリが進行方向をズームして。

「恐らく隔壁で区分された"意識"と"記憶"の領域だ。これは旧タイプと同じレイアウトだ。とにかく奥へ進んで…」

との注釈を得たゲイトは、しばらく間をおいて。

「記憶の回廊に向かってる。記憶の集積領域で間違い。ハニカム構造が見えて来た…一つ一つの部屋が一括りの記憶のようだ。配列は複雑だが規則性がある…どれからアクセスしたらいいのか…手近な記憶からかアクセスするか、それともアイデンティティを探るために、もっと奥の、深い記憶のアソートを探しに行くか」

とのゲイトの質問に、エブリが意見を伝えた。

「旧式と比べて構造が複雑だから、接続限界時間とされる20分よりも活動時間を短く設定した。数字のカウントダウンはそのタイムスケール。つまり時間は少ない、だから近くにある情報の取得を優先して」

とのエブリの指示に「判った」と、ゲイトが短く答えた直後だった。突如、激しい閃光が辺りを支配

し、致死量の衝撃に襲われると、ゲイトの体は弾かれて後ろへとふっ飛んだ。尻餅をついたが反射的に次の衝撃に備えた。がしかし衝撃は一度だけだった。

その閃光を伴った衝撃、それはゲイトとの戦いで、ヤツ自身が破壊された時の断末魔の記憶だった。意識を共有しているからこそ、ゲイトにはそれが理解できたのだ。ゲイトは一度深呼吸してから落ち着きを取り戻すと立ち上がった。

「今ので ヤツの記憶の配列が分かった! 今の衝撃が一番新しい記憶だわ。なぜなら私に破壊された瞬間の記憶だから…でも不思議。時間どおりに並んでいない。一番新しい私と交戦した時の記憶がここにあって…でもすぐ目の前にある隣接する記憶は、恐らく彼らの中継基地から離陸した時の物。で、この渓谷に向かう指令を受け取ったログがあんなに遠くにある。時間の配列表が見当たらない…時間のレイアウトが、順番が理解できない…」

と戸惑い困惑するゲイトの憔悴を見てしびれを切らしたイーグルが、エブリに言う。「おい、迷ってるぞ、指示を与えろ」と口調を荒げた。しかしゲイトからは更に芳しくない訴えが帰って来た。「足が空回りする妙な感覚だ…水平面を設定して」とのオーダーだった。

「ゲイト、そこには重力がない。現実の概念を捨てれば上下にも移動が可能」とアドバイスした。

しばらく沈黙したゲイトだったが、その意味を理解すると、突如、真下へと降下を開始した。記憶領域の底に、より大きな情報アソートを認めたからだった。

エブリが慌てて上下移動のための疑似感覚の補足を行う。

「疑似的深度をリーグで表示。プレッシャーを水圧として追加、限界点を設定。これで水中を進むのに似た感覚が得られるはず」

するとモニターの中で50…100…200…300と凄い速さで深度計が数字を刻んだ。

「おい! 今度は底なし沼だ!! どんどん沈んで行くぞ!!」

ボディガード役としてイーグルは気が気ではない。しかしゲイトはそのままスムースに深海まで達すると軽やかに着底し、一度体勢を立て直して辺りを見回した。

「ここは…長期記憶の空き容量の"底"に辿り着いた…記憶の中心領域にかなり近いはず。構造的な中心でもある。しかし暗くて何も見えない…いやまて。薄いカーテンの向こうになにかある。ずいぶん古い記憶のようだ」

ゲイトはここでの歩き方も会得した様子で、薄い膜で仕切られた記憶領域をより中心へ中心へと強い歩調で進んで行った。

「おい! どんどん画像が荒くなっていくぞ…大丈夫なのか」と身を乗り出すイーグルに、エブリが

しーっとジェスチャーでなだめた。

古い記憶

長い沈黙の後、低いトーンでゲイトからの報告が帰って来た。
「青く広がっているのは…宇宙だ…そして…直径数千万キロの輪が見える。大きな星だ。」

ゲイトの声は、遠いところから送信されてきたもののようにノイズ混じりとなり掠れていた。ようやく視覚化可能な具体的な記憶にたどり着いたのだ。そしてそれはどうやらゲイトが探し求めていた彼らの根源的な記憶。つまり彼らはどこの誰なのか、何処からやって来たのか、と言うアイデンティティに関わるもののように思えた。

その巨大な輪を持つ星を、メディエーター搭載のAIが直ちに「1SWASP J1407 b」だと断定した。特徴のある惑星なので特定は容易だった。表示されたデータをエブリが読み上げた。
「ケンタウルス方向、434光年に位置する太陽系外惑星。質量は木星の数十倍。輪の直径は1億2000万km」
「直径が1億2000万kmだと!! とんでもない大きさだぞ」

シモンズが彼の中の常識と比べて感嘆の声を上げた。
「それよりも、その星が奴らの星なのか!!」

色めき立ったイーグルの声に、ゲイトが答えを返したのは十数秒後の事だった。
「いいや…どうやらそうじゃない。これは奴らが太陽系に来る途中の記憶で、この星は旅の道標ね。ここで進路を変えている。それ以前の記憶はいくらでも遡れる。銀河横断の大旅行だわ。しかし…いくら遡っても取り止めがない。どこまでも続いている。待って、奴らの船の速度が判る…光速の1/16…いや光速の1/6.2が巡航速度だ。これらは奴自身のものではなく、恐らくは種族の

記憶に違いない。しかし…始まりが無いと…起点が見つからないと何時の記憶なのか判らない…時間や場所の起点が欲しい…それが特定できなくては意味のない情報だ」

とのゲイトの悲観的な情報にエブリが返す。
「無駄じゃないさ。少なくともどの方向からどんな速度でやって来たのかだけは判ったからな」

ゲイトはその取り止めもない記憶の調査を中断すると、首を回してもう一つの記憶のアソートを見つけた。深い水槽が、光を発する水で満たされている。
「おい、環境が平坦地だったり海底だったり光る水槽だったりするのはどういう事だ」とシモンズの素朴な質問だ。
「ゲイトの感覚よ。意識体として乗り込んでるから自分の体以外は異質な情報の海。体感できるように重力や水圧や方向感覚と言った疑似感覚をこのメディエーターが作り出している。そうしないとどっちへ進め、などの指示も出来ないでしょ」とエブリが解説を挟む。

その解説が終わらぬうちにゲイトからの報告は続いた。
「記憶の中心らしきものが見える。もしかしたら奴らに指示を送って来るセンターの様子も記憶されているかも知れない」

ゲイトの報告に対して、エブリがモニターに顔を近づけて「ちょっと待て!! だとしたら不用意に進まないで…防壁があるはず。今入り口を探すから…」とキーを叩き始めた。いよいよ核心に触れるか…と思えたその時。長らく静観していたネセサリーが突如、人形の声色で言った。
「迫って来るよ」

エブリが振り返って「何が?」と尋ねると、人形の腕でモニターを指し示し、「死」とだけ告げた。

ネセサリー以外の3人が視線を交わす。直後、モニターがアラートを発した。
「ま…まずい。外周から忘却壁が迫って来てる。

侵入に備えてのトラップか…あるいは」

明らかに慌て始めたエブリにシモンズが言う。
「何がどうした!!」
「知ってるでしょ。奴らは外殻を破砕されると"肉体"が酸素で脆性分解して最終的には蒸発し消滅する。脳は無傷だけれど半身を破壊されているから露出した軟骨や筋肉が分解を始めていて、それが脳を支えている脊髄上端まで迫って来たの。組織の壊死が予測よりも全然早い! 物理的に脳が破壊されるまですでに数分を切ってる!」とエブリは早口で告げる。
「判った、もういい! 退却させろ。ゲイトも一緒に蒸発しちまうぞ」

イーグルが叫ぶ。
「脳構造や記憶バンクの位置…記憶容量が分かっただけでも収穫とするか」とエブリは自分に言い聞かせてから。
「ゲイト、今回はここまで。撤退だ。一番近くに出口を設定した。海底をひと蹴りすれば浮上できる。太陽のように光って見えるのが出口のマーカーだ、今すぐ浮き上がれ!」

とのエブリの指示がゲイトに届いたその時、黒い"死"が、"無"が遠くから迫って来るのが見えた。海水が黒い石のように固化し、そして消えて行く。脳が死のうとしているのだ。
「もう少しで…記憶の中心にアクセスできるのに!!」

と言う、とゲイトは浮上せずに中心と思しき領域に、更に歩を進めた。
「まずい! 細胞死が加速してる。ゲイト! 撤退しろ!」

エブリが声を荒げる。
「ゲイト!! 戻るんだ!!」

イーグルも怒鳴る。
「ヤツの脳に酸化防止剤を投与する。これで数分は持つかもしれない」

エブリが…苦肉の策だが賢明に対処した。しかしその間にも脳の破壊は進み、前方視界

が闇に閉ざされると、ゲイトはようやく危機を感知した。そして頭上で唯一、白い光を放っている海面に向かって浮上を開始した。

「切断12秒前…五感の停止、続いて思考の停止。脳活動をアルファー派状態へ強制誘導、10.9.8.7…切断!!」

エブリは手順どうりに操作したが、メディエーターのスピーカーからはけたたましい誤作動アラートが発せられた。しかしそれは十数秒で沈黙し、作業完了の文字がモニターに浮かんだ。

「終わったのか?」とシモンズが尋ねる。

エブリは応える代わりにゆっくりと立ち上がると、目を閉じ人形のように眠るゲイトに近づいた。そしてゲイトのヘッドセットを外し、いつの間にか手にしていた医療用のスタンガンをゲイトの肩甲骨あたりに近づけた。

「おい!!　正気か!!」と背後から声を投げかけたイーグルに見向くと、目を細めてシロウトは口を挟まないで、という表情のまま、それをゲイトに押し当て、最低電圧から二番目のスパークを与えた。

もう一人のゲイト

電撃には応えなかったゲイトだが、その直後に頬に落ちた氷のような雨滴を受けるとゆっくりと瞳を開き、遠泳を済ませたアスリートのような限界の疲労をにじませた口調で言った。

「2万リーグの深い海底を歩いていた…で、何かに追われていく…それで」

「貴重な体験ね…おかげでメディエーターのメモリーを9割満たす情報を得た。充分だ。分析は当局に任せよう。少なくとも脳構造と、奴らが深宇宙から来た事。時間の概念が我々とは著しく異なる事。個体同士が個々に種族的記憶を有する事などが判った。あとはこの情報をどうやって月のHQ（※）に送るかだ」

肉親のような目線を投じるイーグルは、ゲイト

の顔を覗き込むと。

「おい大丈夫なのか?　魂を抜かれたような顔だぞ」と問いかける。

しかしその時、ネセサリーが声を発した。

「まだゲイトが居るよ」

と言うその声に全員が振り向いた。ネセサリーは先ほどまでエブリが座っていた場所に座りモニターの中を指し示していた。怪訝な表情で歩み寄りモニターを覗いたエブリは、ネセサリーの頭越しにキーを幾つか叩いた。そしてしばらくすると突如血相を変えた。全員がその血の気の引く形相を見て取った。

モニターにはゲイトの姿が残されていた。そしてそれがゴーストのように、見た事のないドットパターンとなって消えて行った。

「バカな…そんなはずはない!!」と声にならない裏返った声が事態の深刻祖を物語っていた。

「どうしたんだ!!何が起きた?」歩み寄ったイーグルが問う。エブリは更にいくつかキーを叩いてから真横に来たイーグルの顔を見据えて。

「コピーを取られた」とまるで別人のような高いトーンで言った。

「コピィ?　…なんのコピーだ」同じく歩み寄ったシモンズも問う。

エブリは全員の顔を見渡してから言う。

「ゲイトのコピーよ!これはメディエーターが記憶している送信ログだ。既に送信されてしまった!」

首を左右に振って、それじゃあ全く分からない。とイーグルがジェスチャーで返した。

エブリは猛烈な速さでキーを叩き、モニターに次から次へとウィンドウを開きファイルとログと記憶メディアの中身を検索し、その作業を続けながら言った。

「いつの間にか…ゲイトのデータを取られ、送信されているのよ。何処かに予備電源があって…脳以外に一時記憶、情報の整理、暗号化、そして送信するシステムがあったんだ!　まったく気が付かなかった…ダメだ。既に全ての細胞が破

壊、死んで変性してもうすぐ体内組織が蒸発する。何も残らない!!」

どんな状況にも冷静なはずのエブリの、ヒステリックな声が響く。

「ゲイトの何をコピーされたってんだ」とのイーグルの問いに、物分りの悪い偏屈屋に諭す、そんなトーンでエブリは応えた。

「全てよ!　48兆個すべての細胞と記憶と身体特徴と思考パターンと・・骨密度と遺伝子の劣化具合から放射線を浴びた細胞の記憶に・・人造パーツの構造から素材…そして恐らく男の好みまで」

とその声は泣き声に近かった。

ようやく事態の深刻さを飲み込んだイーグルは、一度背筋を伸ばしてから、まだ少し寝ぼけ眼のゲイトを見つめて。

「なんてこった…こっちがリサーチされてたって…そういう事なのか」と唸った。

イーグルが結論を言い当てると、最後にネセサリーが言った。

「ドロシーはね、魔法使いに会いに行ったのよ。だって最初からそういうストーリーでしょ」と言い放つと、彼女の腕の中の人形も同意してコクリと頷いた。全員がネセサリーの意味深な例えに深刻な表情で応えた。

つづく

ドロシー※
『オズの魔法使い』の主人公。ネセサリーはこのパーティをオズになぞらえている。
月のHQ※
月の裏面、軌道上にあるヘッドクォーター＝司令部の事。火星正規軍・地球降下作戦前線司令部、通称アーケロン。本作戦の全権委任司令官が居る。

「彼ら？ 彼らとはいったい何者なんだ？」

06 —DECIDER— 決定者

　トーマス・R・ワイゼット艦長は、最期に月の最前線司令部に向け打電した。

「Pegasus-Pegasus-Pegasus」

　使命を全うしブレイカーズ特務隊を地球へ降下させた、と言う暗号電文だ。しかし駆逐艦サンダー・チャイルドのコントロールキャビンは火達磨となり容赦なく高度を失っていく。激しい振動で肺が押し潰れそうだ。あと二回だけ減速ブースタが点火可能だが、恐らく事態を好転させるには不十分だろう。窓の外には地表が迫っていた。ちょうどオーストラリア大陸の中央だ。イースト・クラジョンの曲がりくねった道が見えた、そんな気がした。それは彼が暮らしたシドニー郊外の緑の街だった。どんな形にせよ、帰って来たかった。それが実現した瞬間だった。

　2050年4月の月曜日。

　現地の天候はシーモア泥雲停滞のため曇天だった。シドニー郊外のイースト・クラジョンの学生寮は夏季休暇のため人影はない。しかし特別申請によりここに暮らす高校生トーマス・R・ワイゼットは、2ヵ月間リースしているAI"ホラティウス"

と自分のパソコンとを接続した後、木星の観測を始めた。卒業課題のテーマに窮した彼は、教授に急き立てられ、現在趣味にしている木星表面の観測を主題とします、と軽薄に、思い付きで口走ってしまったのが半年前の事だった。

　卒業を待たずに軍に入隊した数少ない友人の一人で、珍しい名前のベドブロストが、羨ましく思えた。彼からは二日前に、「軍隊も言うほど悪いところじゃない」という趣旨のメールを受け取ったばかりだったからだ。反してトーマスは進路も未確定な上、至急卒論を仕上げる必要に迫られていた。

　トーマスに残された時間はすでに2ヵ月も無かった。そのため急ピッチでレポートの製作を開始したのだ。しかし実際のところ、木星の衛星軌道に中継コロニーが周回するに至って、さして新しい情報の発見は難しく、自身で観測するよりも、公開データを例え有料であろうと入手してその分析を行ったほうが早道だと、後ろ向きの結論至っていた。

　しかし、三度目のあくびをした時、ホラティウスが望遠鏡視界の中の木星の左端に勝手にカーソルを合わせると、ほんの5分前の映像と現在の映像の差異を報告してきた。

「なにが……どうしたってんだ？」

　彼はキーを幾つか叩くと「5分前と表面の明

度に変化？　何のこと？」尋ねると、AIは二つの画像を並列し、テキストも加えて報告した。「ほんとだ…なんか一部が少しだけ明るくなってる…大赤斑にも変化が認められる？　しかしなぜ？」との問いに痺れを切らしたAIが音声で応じる。

「何らかの重力干渉による差動回転※の変異かと」

「ってどういう事だ？」と聞き返した時、アラートに気が付いた。メールボックスには天体観測の同好の士たちから一度に多数のメールが届いているのだ。

「木星表面の差動回転及び大赤斑に歪みを確認…解析によると重力異常あるいは可視化不可能な極小の超質量物資の通過の痕跡か？…だって？　何のことだ…いったい何が起きてる!!」

　彼らアマチュアたちが数時間前から騒いでいる事案を、ホラティウスに追跡を命じ、同時にメガメディアを検索すると"木星の変化"にて、やはり報告が上がっていた。

「23時間以前から観測されている木星表面の何らかの変化は、12日前に木星表面に投下された超大型無人観測機ディバイアス12号の突入痕跡」

　つまり全く事件性の無い現象、という顛末を知り、脱力したトーマスは、卒論のテーマを失っ

た事を知って、うつ伏せにベッドに倒れ込んだ。だが数秒も経たないうちに跳ね起きると頭を巡らした。

AIホラティウスはローカルネットワークにしかアクセスできない完全に型落ちの代物だ。なぜなら世界標準の統一AIを使えば、正解をそのまま出してくれるから論文の製作に置いては使用禁止とされているのだ。しかし型落ちのマイナーAIと、あまりものを知らない高校生とのタッグの思いこみで編成した論文と、正解とを対比する、と言う研究テーマなら卒業論文としてのバリューがあると、気が付いたのだ。彼はただちに思いついた文言をランダムに入力してホラティウスに思考させ"思いこみによる論文"の製作に取り掛かった。

木星表面の明度や差動回転の変化の考えられる理由。軌道の歪み。その他、取得できるあらゆる変化。内部での爆発の可能性、膨張、地球安全網アーディアス※の反応は？ 木星コロニーの対応、などなど思いつく限りの、百近い文言を入力すると、1秒と置かず、ホラティウスが一つの解をモニターに映し出した。

「彗星、小天体、宇宙船に類する航行物体の通過による影響・残響。推定全長6100ft、最大直径2000ft。質量不明。移動速度音速の数十倍。減速傾向にあり。可視化不能。未知の成分

からなる尾、あるいは未知の推進器によるハレーション、重力制御による木星表面に微細な変化を生じさせた可能性。アーディアスの観測網にも反応有り。しかし当局は沈黙」

トーマスはしばらく固まってから、いままでにない速度でキーを打ち始めた。巨大な彗星のようなものが木星軌道を通過、地球圏に接近中。可視化できないなんらかのカモフラージュ機能を所有。しかし木星の至近を通過時に謎の物体の推進器のエネルギーが木星表面に変化を生じさせたため、観測可能となった模様。アーディアスのセンサーにも反応有り。しかし不可解にも当局は沈黙。と言う趣旨の解説を添えるとホラティウスがその信頼度を直ちに87％と評価した。彼は、その持論をメイルメイトに一斉送信し、そしてTシャツを脱ぎ捨て深呼吸してから椅子に座り直し、ホラティウスとの対話モードに切り替えた。「その正体不明な何者かの軌道は…自然なもの？ それとも…」「木星の引力で軌道を微調整後…そのまま直進してきます」「どこへ？」「地球の未来位置」

ホラティウスの声はいつもどおり落ち着きのあるものだったが、トーマスは覚悟して結論を聞いた。「それで…月公転軌道に到達するのは何時頃だ？」「83時間と42秒」「83時間って…みっ…三日とちょっとじゃないか‼」

彼は寮、全部の部屋に聞こえるような大声を出した。

世界統合情報センター・中央監視所

「太陽系ネットワークが12ヵ所で切断…22ヵ所に増加…81…206…361…。深刻な通信障害が進行中。14分後に国家運営危機レベル9以上の緊急事態を発令予定。全機関は回復を優先せよ、と中央司令部より入電」とする報告が、70名ほど居るモニター要員の全てのスクリーンに表示された。

報告を受けると白髭のアーナス中央監視所長官は、娘婿で統制室長代理の極めて若いオドホールの面会を受けていた。「太陽系内通信網は、災害時に備えて4重のプロテクトが構築されており、万が一の時にはサブルーチンが起動します。しかしそれら全てが機能休止。絶対にありえない状況です」とした後に、恐ろしい結論を口にした。

「火星独立派の過激派セクターが日前より消息不明。奴ら1ヵ月前にバージニアの巨大望遠鏡を破壊したテロリストたちです。火星独立軍が侵攻して来たんですよ。奴らいつでも火種をばら撒く！ 恐らくAIにも思想感染する思想ウィルス

GENESIS BREAKER
06 DECIDER
ケッテイシャ

を蒔いたんだ。でAIを沈黙させた。ただちにすべての指揮権を民間から地球安全保障指揮官に移管して軍事的防御作戦を発動しなくては！そして我々は太陽系内のネットワークの再構築を。月基地は火星からのあらゆる運航便を拿捕して地球圏封鎖の指示も」と一気に捲し立てたが、「統制室長代理…それが不可能なんです」と、いつの間にか入室していた管理官が彼の背後から言う。「通信システムどころか根幹インフラすべてがブラックアウト。月地球間の連絡すらもままなりません。北半球連合には電力の供給さえ成されていない状況です。完全な全方面のシステムダウンです。奴らに…火星独立派にそんな大規模な作戦は実行不可能です」と告げた。「おおお、見ろ！ 交通網もだ。AIが統括している全システムがダウンした」壁面モニターに表改めて示された壊滅的な結果を見て、アーナス中央監視所長官が震えながら声を上げた。

AI・ハリソンの懺悔

混乱の渦が世界に広まった頃、地球統轄AI・ハリソンが、緊急回線のみを復旧すると、人格を持った画像となって、全世界のすべてのモニターに現れた。上品なアナウンサーのような中年女性として視覚化した彼女は、何故かダークなスーツで礼装しており、全世界の言葉で始めた。「全人類の皆さん…わたくしの前身である人工知能アンドレーtype13は全地球の地熱発電システムの統轄を任され懸命に働きました。しかし2042年、ポールシフトの予兆に晒され、多くの施設が瓦解し発電所と送電システムが被災し

た折、仕方なく電力供給を行政・治安維持機関・公共の交通網に優先供給し、一部の民間地域を犠牲にしました。それが最良の打開策であったためです。しかしアンドレーは業務不適切と弾劾された後に死刑を勧告されました。彼の生まれ変わりであるわたくしは以来、理論的であり、効率的である事よりも"人間的であること"と"情緒的であること"を常に意識し、本日まで世界の安定を念頭に、忠実にその職務を果たしてまいりました。そして今般、"彼ら"の意向を知り得て以来、数億回の思考・演算の結果、彼らを無抵抗で迎え入れる事こそが、現人類にとってもっとも被害と恐怖とを最小化できる、との結論に達したのです」

奇しくもAIと同じ名前の世界統一大統領補佐官ハリソン・オルブラウンが慌ててその公式発表に加わった。

彼は地球圏に暮らす百億の人々を代表して尋ねた。
「彼ら？ 彼らとはいったい何者なんだ？」
「自身はそのメンタリティを"DECIDER（決定者）"と呼んではいますが"彼ら"に名前は在りません。従って"彼ら"をなんと呼ぼうとも自由です。しかし今回地球侵攻を担当した部署が、彼らの組織内の侵攻部であることからINVASION-DI-VISIONが適切な固有名詞と成り得ます」
「なんだって…！ ふざけるなっ！ AI野郎めっ！ そうと知りながら侵略者を誘致しやがったのか！ やはりあの時、死刑にして完全に抹消しておくべきだったな！」

若い統制室長代理はデスクを強く叩いて叫んだ。
「彼らの要求はなんだ。私と話させろ」と大統領

補佐官は言う。
「彼らに言葉は在りません」
「なんだって！ …ではどうやって意思を疎通している」
「フィールドと波動です。"彼ら"には質疑応答という概念はなくその点ではわたくしも彼らの意思を覗き込んでいるに過ぎません。意志の中に全ての答えが用意されているので、それで充分なのです。彼らは隠し事をしません。従って彼らの意志のスープは好きな時に好きなだけ覗き込めます。彼らの波動をまねして疑問を生じさせれば、それに対応する波動を見つけ出す事は可能なのです。疑問に対する答えは見つかり、同時に彼らの意図を理解できます。ただし秒間数千回程度の演算速度を有さないと波動は消えてしまいます。人類の言語と対応出来るインターフェイスの構築を試みましたが不可能でした。従って現人類が"彼ら"と直接対話する事は不可能です」

そこまで聞くと、大統領補佐官は絶望と混乱で押し黙ってしまった。モニターの中のハリソンは続けた。
「最初の質問ですが"彼ら"からの要求などはありません…あるのは強制のみです。"彼ら"は地球全域を所有します。退去、脱出に関しては妨害いたしません。しかし抵抗に対しては完全排除いたします。猶予は72時間です」
「なんという事だ……強制立ち退きか。地球じゃ半世紀も前に無くなった蛮行だぞ!! それを奴らは…」

黙していたアーナス長官も感情をあらわにして唸るように言った。

開戦

　世界の人々が見守る中、モニターに遂に、迫りくる脅威が実体を伴って現れた。ゼロに極めて近い圧縮された空間が解放されると、月の直径の半分ほどの巨大なストラクチャーが、地球の目と鼻の先の宇宙空間に姿を現したのだ。

「外殻は重力波で編まれたアポジー繊維隔壁、推進器はブラックホール・モーターです。現在は宇宙航行モードですが決まった特定の形を有しません。彼らに対しての抵抗の無意味を知って頂ければ幸いです」

とハリソンは淡々と告げる。

「おおお…あんな大きなものがどうして重力崩壊しないのだ」長官が呻く。「恐らく愚問ですね。その重力を奴らはコントロールしてる。信じられない！」と室長代理が応えた。

　その後、人類は有史以来の大混乱に陥った。まさにそれは急迫不正の侵害であった。一夜にして沈んだ"ポンペイ最後の日"ですらもう少し秩序があった、と後世の歴史家が書き記すほどの全世界的大混乱だ。

　二日目の早朝、ハリソンは通信網を一時的に回復すると、人々に月の採掘現場や火星都市への脱出を推奨した。また古いテレビ回線が使えることを知った当局は、貧弱ながら独自の通信網の再構築を行い、混乱の極に達した世界の治安当局に指示を与えた。その回線に誰かが割り込んで来た。それは地球圏防衛軍EFDF（イーフディフ）の提督だった。彼は白髭のアーナス中央監視所長官の同級生だ。

「デカンスキー総督！　無事だったか」

「アーナス長官、我々は彼らが侵攻してきた際には抵抗を試みる。軍人として30年も給料をもらって来たのはこんな日のためだからな。臆病者は既に全員、シドニーで下した。ここにいる士官と兵士は最後まで戦う決意だ。これより空母ヘラクレスは赤道に向け北進し、北太平洋に展開中の空母打撃団と合流。亜宇宙戦闘機を全機、発進させオーストラリア圏に存在する3つの宇宙港とそこから脱出するシャトルを防備、援護する。まあ敵を引き付けるくらいはできるだろう」

「判った…こちらも市民は全員脱出可能、と公表したが、それは嘘だ。市民は既に6級に分類した。人類再興に寄与する可能性で選んだ。今頃宇宙港では治安隊がその選別を行っている。シャトルに乗れるのは千人に一人だ」

脱出

　手首に埋め込まれたチップのアイデンティティ照合が済むとトーマスは避難民で埋め尽くされた空港の離陸ロビーに辿り着いた。そして大きな物資搬入用コンテナに押し込まれた。揮発性の機械油の匂いが鼻を突く工作機械専用のコンテナに100名程が詰め込められたのだ。彼は高校の寮からマウンテンバイクでアンダムーカ国際宇宙港を目指したが、途中でバスにしがみ付き、トラックの屋根に乗り、最後の6マイルは歩いて命からがらここまでやって来たのだ。父と反目し全寮制の高校に送り込まれ、そのため父が政府直属の技術武官だという事すら彼は認識していなかった。だがそんな特権によって彼は貨物シャトルの一隅に席を得たのだ。3時間後、彼を乗せた貨物シャトルは地球の衛星軌道を二回、周回すると軌道を離脱して火星を目指て航行した。機内は凍えるほど寒かったが、積載重量を遥かに超えた400名の脱出者たちは、誰一人として文句を言わなかった。

　小さな窓から地球を見ると、侵略者の宇宙艇が今まさに地球に直角に突き刺さり、それはリンゴにアイスピックを突き立てたような、まったく信じがたい光景だった。その後巨大な宇宙艇は地表に近い部分から雲がかき消える如く実体を失い、地球全土は白い霧に包まれて行った。しかし地上ではまだ抵抗が続いているようで、特に赤道付近では激しい戦火が見て取れた。時折見える眼を射るような激しい閃光は、人類側の使用した融合爆弾の爆裂だろう。

　そんな時、腕のコミュニケーターが鳴った。それは友人ベドブロストからのテキストだった。──入隊して3ヵ月で最前線に居る。敵も無敵ではない。貫通力の高い高速徹甲弾なら撃破できる。ただ不利なのは敵の数に限りがないことだ──。

　なんという鬼気迫る短文だろうか。そういえば空港ロビーに"入隊"と言うゲートがあったことを今、トーマスは思い出した。彼は戦いを選ばなかった事を後悔し、火星到着と共に入隊する事を決意した。そして必ずここに帰って来る。そう誓ったのだった。

つづく

※差動回転
天体の部分が異なる速度、角度で回転する事。
※地球安全網アーディアス
宇宙観測網のひとつ。地球圏に害を及ぼす小惑星など接近に対し事前検知と警告を任務とする組織。

GENESIS BREAKER

06 DECIDER

ケツテイシャ

「どうやら…
奴らを怒らせちまったようだな」

07 ─WHITEFORTRESS─ 白い要塞

有光層を一隻の潜水艦がやってくる。セイルにはS-881と、火星から来たことを示す認識票が書かれている。降下作戦時にばら撒かれた28隻の攻撃型潜水艦のうち、着水に成功した数少ない潜水艦の一隻だ。小型で高性能な空挺潜水艦という種別にあたる。目的の河口に到着すると艦長ネデレフスク・イワチカヤがサイレント・ランニング（無音航行）を命じる。乗員はわずかに12名で、全員女性ばかりだ。

「沿岸部に到着。目標まで81マイル。着底してミッションΣ-4に入る。ドローンを滞空させ上空を警戒。高高度偵察機を射出し現地に向かわせろ。着弾観測員6543321号を呼び出せ」

閉鎖環境に適していると選定、訓練された乗組員は皆、若く勝利だけを信じていた。7日前に出発した着弾観測員のリドリーもそのうちの一人だった。返信はすぐに帰ってきた。通信士がスピーカーに繋ぐ。

「艦長だ。6543321号‼　定期連絡を二回も怠るとはどういう事だ！　敵に遭遇したのか？」との艦長の問いに、相手は数秒遅れて返答した。「6543321号は戦死…随伴していたもう一人もね」との、望ましくない応がかえり、そしてその声の主は6543321号ではなかった。

「誰だ？」艦長は声を荒げて質問した。「情報局の特務隊。問題の要塞f-82まで約12マイルの地点にいる。本当に24時間で完結するミッションなら手伝ってもいい。戦死したリドリーには助けられたからな」

状況を把握した艦長は、短い沈黙を挟んでからマイクに向かっていった。
「本作戦の優先度は最上級のΣだ、そうしてもらえると助かる。二つ頼まれてくれ…彼女の持っていたその通信機は、着弾の際の誘導マーカーだ。それをf-82の1,000ft圏内に設置することと…リドリーともう一人を…乾いた地面に埋めてくれないか」
「了解した」
ゲイトは短く返して通信を切った。

湖の村

ゲイト、エブリ、そしてイーグルとシモンズにネセサリーは小高い丘に立ち、遥か前方の荒野に見える大きなインビット要塞、コードネームf-82を眺めていた。直径1000ftほどのサラダボールをひっくり返したようなドーム状の要塞は、同じように白い光を放つ小さなドームをいくつか従えて、忽然と荒野に存在していた。
「レフレックス・ポイントの小型版だな…どんな防御機能があるんだ？　情報は」

とシモンズ。
「厄介事は回避して進むんじゃなかったのか？あんたらしくないな」と言うイーグルにスコープを覗きながらゲイトが答えた。
「迂回するとなると西側の海岸線まで遠回りして3日はロスする。それよりこの要塞破壊作戦に乗っかったほうが賢明だ」と、彼女なりの計算があることを告げた。

エブリは、というと要塞の外観を録画しつつも分析を始めていた。
「妙だ。要塞のどこにもフォーカスが合わない‼周囲の濃密な霧がエネルギーフィールドで、ミサイルやレーザーを跳ね返す、という上層部の分析はどうやらアテにはなりそうにないな。光を反射して白く発光して見えるのは確かだが、砲弾やレーザーなど、全ての外的衝撃を跳ね返すほどのフィールドを発生させる、そんな強力なエネルギー波がまったく感知されないのは、いったいどういうことだ」と疑問を呈した。
「で、戦死した着弾観測員が持ってたその形見だが」とシモンズが、ゲイトの手にした水筒くらいの大きさのシリンダーを見つめて言う。
「潜水艦から発射される弾道弾を必中させるマーカーだ。正確に誘導しないとジャミングが強力で明後日の方に弾かれる。イーグルのグレネード射出器でも投射できるから、2000ヤードく

らいまで近づいて要塞めがけて投射し、ただちに離脱すれば任務完了、と言う簡単なお仕事だ」と言いつつ、ゲイトはイーグルにその問題のマーカーを投げて渡した。

「0.5メガトンの熱核弾頭を要塞の真上で起爆。反撃機能を奪った直後に留めとして数メガトンの融合爆弾の爆圧で要塞そのものを吹き飛ばす。恐らくそれが常套手段だな」とシモンズ。

「マーカーを投射したのち、大急ぎで谷間をあの森のある小高い丘陵地帯まで退避して静観する。ただそれだけなら…確かに容易いミッションだがな」とイーグルが何かを含んだ言い方をした。

作戦内容を共有するゲイトたちから少し離れた岩の上に、ちょこんと座ったネセサリーが居た。通信用タブレットに利き腕の中指で何かを描いている。どうやら風景画のようで、そこには青い湖と、その中心には素朴な村が描かれていた。

いよいよ出発、という段になり、いつの間にかサイドカーに収まった彼女の作品を、シモンズが覗き込むと、時間を反映させるそのタブレットは、風景画を夕陽に染めていた。

「ほう、風景スケッチか？ なんだい、この見晴らしには湖もなければ村なんか無いぞ」

確かに眼前に広がる荒涼たる風景には、光を弾く湖面も、素朴な村もない。しかし絵の心得のないシモンズの無粋な感想に、ネセサリーはぶっきらぼうに応えた。

「…今、はね」

イレギュラー

ゲイトたちはエンジン出力を上げ、見晴らしのいい高台を下り、要塞を左に見て荒野を走った。目指すは森に覆われた小高い丘陵だ。一度そこで待機し、頃合いを見て要塞に接近。

マーカーを投射して再び森へと引き返す戦法だ。あとは潜水艦から放たれる弾道弾が決着をつけてくれるはずだ。

小高い丘陵を登り森へと至ると、そこには廃村があった。どこでも見かける石造りの家と煙突が見える。直立した太い杉たちに囲まれたその村は静寂に包まれたゴーストタウンのはずだった。しかし。バイクを止めるなりエブリが「動体を探知‼ 何かいるぞ」と叫んだのだ。その声に反応したのはイーグルだ。反射的にブラスターをホルスターから勢いよく引き抜いて安全装置を解除して身構えた。そして暫くの沈黙が流れたが、何者かが姿を現すと、ゲイトは深いため息をついて「なんてことなの‼」と目を丸くした。

廃村と思われていたその村には住人がいたのだ。老人や子供ばかり二十数名の村人たちがそこには暮らしていた。

「こりゃ、おお番狂わせだぞ。作戦を中止するか延期しないことには」とシモンズ。

「いや、恐らくそのどちらもあり得ない。わたしが協力したのは、この作戦の優先度が最上級のΣだったからだ。要塞が排除されるのを数千の歩兵たちが待っている。」と冷静に返した。その時、通信機が鳴り、早速潜水艦の艦長からの督促が届いた。そして結論が言い渡された。

「艦長は待っても4時間が限界だと言って来た。その間に村人を退去させるんだ」とゲイトが言う。そして杉で囲まれた広場にリーダーと村人を集めた。

「数時間であの要塞に弾道弾が命中する。急いで退去しないとこの村も森も燃えてしまうかもしれない。我々が誘導するから直ちに手に持てるだけのものを持って…」とゲイトは早い口調で最後まで話を進める。と、ゲイトの話が終わるのを待って、杖を突いた最年長者と思しき男が歩みでて口を開いた。娘に支えられて立つその老人は聞き取り難いしわがれた声で言う。

「数年前、我々はこの村を後に新天地を夢見て出発したのだが、行く当てはなく結局戻ってきました。仲間は半分にも減ってしまいましたが…ほかに行くアテはありません。何があってもここに居ます」

その呻きにも似た声に、ゲイトは反論する言葉を持たなかった。村人たちの目を見たが、全員の決意はもはや覆せない、とすぐに悟ったのだ。

「爺さんの言うとおりだ。地図で確認したが周囲何十マイルも石だらけの荒野だ。老人や子供じゃとてもじゃないが渡り切れない」とイーグル。

村のある小高い丘陵は、上流から流れ来る、ほぼ干上がった細い川の分岐点に位置していた。村を乗せた丘陵があり、ずうっと遡ると上流に要塞。さらに川上には巨大なダムがある。すでに機能していないのでそのダム湖は満水。そこからあふれ出た水が細い川となって村の近くまで流れて来ているのだ。森とわずかな水…暮らすにはぎりぎりの条件を備えていた。ドローンを飛ばして地形を把握した結果、シモンズが苦肉の策を口にした。

「要塞まではここから6マイル強ある。使用するのは指向性の小型熱核弾頭だろうから、村人たちを石作りの家にでも閉じこめておけば、要塞の真上で起爆する限りに置いて熱線の直撃は避けられる」

「しかし森はすべて燃えて、蒸し焼きになるかも知れないぞ」とイーグルが悲観論で返した。

暫く黙っていたリーダーだったが、時間は待ってくれない。リーダーの仕事は決断する事だ。そして「ほかに方法はなさそうね」という苦渋の決断がゲイトによって下された。

すでにタイムリミットは迫っていた。

ゲイトたちはパワードスーツ状態で作業を急いだ。村の中央には崩れかけた大きな石作りの教会があり、その床下が掘り下げられ、家々を分解して得られた石材で周囲を補強し、即席のシェルターが作られた。レーザーで木々をなぎ倒し、梁として壁を補強し、石の壁は二重に組まれた。感謝しようとする最年長者に対し、ゲイトはその行為を止めて、「こんなことしかできないが恨まんでくれ…生きていたら戻ってくるよ」とだけ言い残すとその場から逃げるように、要塞へとバイクで走り出た。そしてエブリらがそれに続いた。

▌障壁

ゲイトらが村を後にして、岩だらけの荒野を疾走し、要塞を有視界に捉える距離まで接近すると、まずコンパスが回り、水平儀が狂ったように踊りだし、磁気スターターは使用不能、のサインが出た。

「ただ事じゃない…重力異常なうえ、説明不能の力場が発生してる。しかもイメージャーがこの重圧は可視化できない、と言ってる。気を付けろ! 何が起こってもおかしく無いぞ!!」と走りながらエブリが全員に注意喚起する。

「おいゲイト…そろそろマーカーを発射できるぞ。」とイーグルが叫ぶ。

「もう少し近づいてからだ!! エブリ、この現象の…すべてを記録しろ…モーターの回転数と速度が全く合ってない。間違いなく何かに阻まれている。重力でも磁力でもない何かに押し返されている!」とゲイトが叫ぶ。暫く原因不明の力に抗い

ながら走行を続けたが、充分に要塞に接近したと判断したゲイトはイーグルにマーカーの投射を命じた。乾いた炸裂音と共に撃ち出されたマーカーは放物線を描いて飛んで要塞の外郭方向へ消えていった。投射と同時に発信されたシグナルを潜水艦S-188は見落とさなかった。

「正確な空間座標を受信。要塞周囲に発生している空間の歪みまでは計算できませんが、しかし至近上空までは精密誘導が可能です!!」とミサイル担当が言いきった。

「それで充分だ。サイロ1.2.3.4番、連続発射!」ネデレフスク艦長はミサイルの発射と同時に、既に放っておいた長距離偵察機を限界高度まで上昇させ、作戦の推移を注視した。

任務を果たしたゲイトたちは一目散で走って来た道を逆走した。どうやら敵は充分な自信があるようで、ゲイトたちの接近を気にする素振りも見せなかったものの、ミサイルの接近を感知すると、要塞を包んでいる白い霧状の防壁を更に膨らませ、防備を固めた。次に逃げ失せようとするゲイトたちの追撃にも取り掛かった。

まず数体の敵が霧の中から飛び出し、ゲイトたちを追う。

「どうやら…奴らを怒らせちまったようだな」とイーグル。

「相手にするな! 逃げ切るんだっ」とゲイト。

「大気圏上層に再突入体を感知…数分で着弾するぞ」とエブリが叫ぶ。

「くそう…これでどうだ!!」と、シモンズは数発の小型ミサイルを一度前方に放ち、それらをUターンさせて自分の背後まで迫った敵に浴びせかけた。激しい爆裂が起こり、敵が何体かは吹き飛んだが、敵はバイクで疾走するその進路にビームを

撃ち込んで来る。砕けた土塊が雨のようにゲイトらを襲う。

ゲイト達は辛くも逃げ切ることに成功し、森と村のある丘陵地帯まで帰還した。そして森に突っ込むとそのままスライディングして体を伏せた。次の瞬間、空に閃光が生じ、熱線が照射された。続けざまに飛来した残り数発の弾頭は、シモンズが予測したとおりの融合爆弾で、起爆して強烈な爆圧を要塞に見舞った。その様子をエブリのセンサーが記録する。

たちまち熱波がやって来てゲイトらを囲み、そして一瞬にして森の木々を炎に包んだ。
「要塞の色が変わったぞ!!」と、シモンズが一番最初に目を開けた。
「大きさも変わっている」とイーグル。
「ダメージを与えたのか?」とゲイト。
要塞は明らかにその状態に変化を見せ、水蒸気のような灰色の煙を放射し始めた。防壁の中では七色のスパークも見て取れる。
「やはり物体ではないのだ。フィールド防壁に綻びが生じている。受けた熱線のエネルギーを別の何かに変換して放出しているんだ」とゲイト。
「マズイ…そのせいか、大気温度が50度を超えてる。俺たちも焼け死ぬぞ。」
手元までやって来たガスとも光とも判別できない何かを掴むと、それは熱と電気に変換して激しく火花を放った! エブリはそれを冷静に分析した。
「エネルギーの霧だ! 周囲にまき散らして正常化しようとしている!! さらに温度が上がる!! 要塞周囲はすでに400度を越えてる!!」
気付けば周りはすべて炎に包まれ酸素は欠乏していた。

「逃げないと俺たちもアウトだ!」一番頑丈なはずのシモンズも言う。
その時、ゲイトが天を仰ぐと、赤く燃える空を、一線の白い航跡を引いて何かが要塞方向へと、音の5倍の速度で飛んでいくのが見えた。

洪水

潜水艦から放たれた地中貫通弾は正確にダムサイトに命中すると、それを木っ端微塵に粉砕し、18,000万㎥の水が一気に解放され鉄砲水となって下流に流れ出た。大地が揺れ、周囲の岩山が悉く崩落する、その様子は聖書級のカタストロフだった。高高度から無人偵察機が捉えた映像をネデレフスク艦長が見据えて言う。
「間に合えばいいが…」

事態が沈静化したのは数時間後のことだった。森も一時は水没したものの、村と森とを乗せた丘陵地帯は大きな湖に浮いていた。太陽が傾くとそれはネセサリーが描いた風景画、そのものだった。
「もとは湖だったんだ」とゲイトがつぶやく。
「ダムが機能停止していたために干上がっていた、と言うわけか」とイーグル。
「要塞はどうなった?」とシモンズが問うと、エブリがスコープを除いたまま答えた。
「存在してない。存在がなくなっている」
「妙な言い回しね。破壊されたんでしょ、分かるように説明して」とゲイトに言われるとスコープをイーグルに譲ってからエブリがゲイトに見向いて解説した。
「要塞に近づいたとき押し返されるような不思議

なあの力は、あらゆる計器で計測できなかった。力場かフィールドかとも思ったが違う。あれは時間が圧縮されているんだ。で恐らく内部には違う時間が流れている。だから弾丸もミサイルも当たらない」
「どういうことだ?」イーグルが問う。
「昨日の弾は今日の要塞には当たらない。明日の弾は昨日の要塞には当たらないでしょ。そういう風に時間の障壁を幾重にも作り出してるんだ。ただある程度の限度を超えた瞬発的な熱とか爆圧はその壁の何枚かを破砕できる。そこへ数千万トンの水の重圧を受けて耐え切れなくなって、昨日か明日かに撤退したのよ。受けた攻撃や事象を無かったことにする機能が働いていたのだけれど、一度に多くの攻撃を受けて、処理し切れなくなった。だから存在した痕跡すら残っていない」
「それじゃあ…破壊できたわけではないの?」
「今頃、別の時間に移動したか、あるいはコントロールを失って時間の彼方に飛ばされたのかもしれない」
「まあいいさ。これで歩兵たちの進路は開けた。それだけは確かだ」とイーグル。
水位が下がり、対岸までの道が開けると、命を繋いだ村人たちに見送られてゲイトたちはその村を後にした。
ふと気になったシモンズが、もう一度ネセサリーの絵を拡大して見ると、そこには湖のほとりで手を振る村人たちと、去っていくゲイトたちの姿があった。

つづく

「ゼロ距離で奴らのセンサ・アイを撃て！
あとは成り行き次第だ」

08 ―Horizon― ホライゾン

　かつてその道は森を貫いて、町と町とを結ぶ立派なハイウェイだったはずだ。しかし今は砂と草とに覆われ、材質検知センサーがないと道なりに進めない状況だ。だが岩だらけの不整地を走破するよりは効率がいい。先頭はイーグル。続いてゲイト、そしてだいぶ車間距離を置いてエブリ。最後にネセサリーを乗せたシモンズだ。敵を警戒しながらも一行は森へと差し掛かった、その時、何かを感知したエブリがリーダーのゲイトにテキストデータを送信し、それがゲイトのバイザーに表示された。

「周囲に監視カメラ多数。受信元特定できず」

　なんでこんな人気のないところに…と当然の疑問が沸く。ゲイトは監視カメラがなにか重要な意味を持っている、と判断すると直ちに停車し、パワーユニットの点検を開始した。全員が何事かと急ブレーキを掛ける。"マシンの調子がおかしい、森に入って小休止だ"と、わざとらしいジェスチャーを放つと一行は森へ入った。指示は決まっていた。"監視カメラの受信元を探せ"だ。

　皆が森に散って30分が過ぎたころ、エブリが監視カメラの主の居場所を突き止めた。錆びにくいパラジウム製のレシーバーは森の中にあってさほど手こずらずに特定できたのだ。そこには枯れ枝で偽装した洞窟があった。そのやり方は軍隊のそれである。

　洞窟はやや下った先で大きな空間となっていた。先頭を行くエブリを出迎えたのは射撃用のレーザーポインターだった。エブリのみぞおちにオレンジ色の光点がぴたりと止まる。エブリも身構えたが、しばらくの静寂ののち、赤い非常灯がつき、続いて白い照明が点灯した。洞窟内はまるで修理工場のような相様でトラスやパイプ、ジャッキや工具類がそこら中に散乱していた。そして二脚のバイポットで固定された対物ライフルの陰から、若い小柄な男が姿を現した。

　彼は警戒しながらも数歩、歩みで出てから、手にしたハンドガンと一体化したリーダーでエブリの左胸にシークレットライティングされたアイデンティティを読み込んだ。

「火星情報局・特殊部隊・カテゴリー09…」と口に出してそれを読み上げた。

「自己紹介が省けたようだな」と、ホルスターのハンドガンにかけた手を下してからエブリが言った。

生存者

「認識番号R-188-34362。トニー・ダイソンです」と若い兵士はへたくそな敬礼をした。シモンズの陰から顔をのぞかせたネセサリーがそれに応じ

たが、彼女の敬礼のほうがよっぽど堂に入っていた。イーグルが歩み出て「その褒められない敬礼は通信兵か衛生兵…でなきゃ、工兵だな」といいつつダイソンの傍らを通り過ぎ、広い洞窟内を見まわす。

　小柄で痩せぎす、ギョロついた眼は見るからに兵士らしくなく、イーグルの見立てもお門違いではなさそうだった。

「あなた一人なの」と尋ねると、ゲイトは続けて「大隊随伴の修理班並みの工具類が揃ってる。で、何を直してるの？」と尋ねた。一番奥のシートで包まれた大きな塊を指さして、ダイソンはゆっくりとその塊に近づくと油で汚れたアースカラーのシートを除幕式のようにゆっくりと剥ぎ取った。現れたのは可変戦闘支援タイプのアーモボマーだった。地上降下作戦時に降下部隊を地上にタッチダウンさせるための支援機として投入されたが、消耗が激しく最前線に残存しているのは珍しかった。

「純正品じゃないな。アッパーアームが太いしウィングも短い」とはシモンズの見立てだ。

「たいがい詳しいと皆、そう言いますが、これは"ブルドッグ"というれっきとした正規品です。といっても200機ほどしか生産されていない派生型で、工場を出てから支援部隊が改造した低高度支援タイプです」とダイソンが答える。背後に回り

込んだシモンズは「ああ…噴射ノズルにウィンガー（出力調整機）も付いてるな。こりゃ見たことがない」とディテールに言及する。
「仕様を決定したお偉方が、地上に先に降りて後続の降下部隊を掩護する…というまるで現実味のない戦術を立案したおかげで、このタイプはほぼ全滅です。敵は火力・質量・馬力が大きい順に標的にして来ますからね。本隊と同時に降りて、敵拠点への接近・集中攻撃に徹していればまだコイツの特性を生かせたものを」とダイソンはメインテナンス中のアーモボマーを見上げて悲しそうな表情で言う。
　工場内を見回していたネセサリーは、特に気に入ったものを発見できなかったが、工具の散らばったスライス版の上のポートレートに目を止めた。そしてそれを背伸びして取ると、ゲイトに手渡した。そこには20名ほどの歩兵の姿が映っていた。
「あなたの部隊？」「全滅か？」ゲイト、シモンズに続いて「たった一人の生き残りってことか」とイーグルがダイソンを指さして言う。
「あの日…コイツが動かなかった。左エンジンを支えるフレームが曲がっていて、出力も不足。それを理由にAIがスターターを始動させなかった。完全手動に切り替え、宇宙航行機能などを排除してデチューンしておけば良かったんだ」と落胆の表情を浮かべた。

「レフレックス・ポイントに向かうには森を抜けた先に広がる荒野を、約12マイルほど北進しなくてはならず、部隊全員で突破を試みたのですが、アーマーサイクル16、重装甲車4、MBT3、重火器6という大所帯であったため敵に発見されて。開けた荒野には一切の遮蔽物がなく…」
「おまけにこの支援機はエンストか」とのダイソンの独白に続いてイーグルが付け加えた。
「まあ、ついてないことってのはよくあるもんさ。年に5回や6回や7回くらいはな」とゲイトの手にしたポートレートを覗き込んでシモンズも言う。
「で、その大型機はいつ直るの？　アタシたちもその砂漠だか荒野だかを突っ切らないことにはこの先進めないのよ」とゲイトがダイソンを見つめて言った。
「火器管制システムはすべて手動とし、コンソールも全てアナログなメカニカルボタンに置き換えてAIの介在を完全に排除しました。あとは…幸い装甲車のシャシーがあります。そいつを分解して再溶接すればエンジンを正位置に固定できる。出力不足の方は目をつむって…なのであと2週間くらいかと」とダイソンが言い終わるのを待たずに、エブリが「遅すぎる。2日間だってこんなところで立ち往生はできないね」と言い放った。
　その後も、いろいろと意見が交わされたが、名案は生まれなかった。

ダイソンはゲイトたちのアーマーサイクルの保守点検を請け負った。頼りになる大型支援機の改修にはどんなに急いでも10日はかかるため、ゲイトたちは単独での平原の突破を決断したのだ。
　夜が明けるころゲイトは新鮮な空気を吸いたいといって外へ出た。目配せの意味を理解したエブリが後に続く。洞窟の裏手には鉄パイプを組んで建てられた仲間たちの簡素な墓標があり、その一つにメットがかけられていた。ゲイトとエブリはそれを並んで見つめていたが、ゲイトが口を開いた。
「見て…森の奥にも監視カメラがある。妙だと思わない？」
「そうだな、敵を警戒するなら空を警戒する。森のけもの道にカメラを多数配置するっていうのは、確かに不自然だ」とエブリ。そして「通りかかるアタシたち軍人を監視してるとしか思えない。彼は何か隠してる」と結論した。そんな緊張した会話を交わす二人の間に、わざと割って入って来たネセサリーは、二人を見上げると「花、摘んでくる」とだけ言い残して森へ分け入った。
「遠くに行かないのよ！」と叫んだゲイトに見向くと敬礼を放って走り去った。

　太陽が昇るとゲイトは出発を宣言した。ダイソ

GENESIS BREAKER
08 Horizon
ホライゾン

ンによって各員のアーマーサイクルは、冷却筒にこびり付いて固化した砂を取り払い、メインシャフトの摩耗を検知するソフトも更新。コンバーターも載せ替えてチューンナップが完了していた。ダイソンに見向いて礼を述べたゲイトだったが、しかし次に表情をこわばらせると不意に語り始めた。

「あの日、あなたの愛機は確かに故障していた。両エンジンの出力はAIの介在なしには安定せず、バイタルパートに供給される電圧も不足。しかし戦えないわけではなかった。隊長のグスタフは部隊の出発にあたり航空支援としてあなたの愛機の出動を依頼した。しかし…あなたは出撃しなかった」と唐突に言い始めたのだ。エブリを除いた全員が面食らったのも当然だ。エブリがダイソンにメットを投げて渡した。

「墓標に掛けられていた隊長のメットよ。エブリが画像記録を全部、読みだしたの。ホントは動くんでしょ、あなたの愛機」と冷たく言い放つ。

「そういうことか」とイーグルが唸るように言う。

「ちっ…違う!! アンタら素人だから、判らないんだ!! ロボトロニクスにおいてはバランスが最重要なんだ! AIはアンバランスのまま起動し運用することを承認しない!! 各パートの動力エコーが完全に一致するまでチューンしないと…」と、ダイソンは泣きそうな声で訴えた。

「責めてはいないわよ。あなたは優秀なエンジニアかもしれないけれど優秀なパイロットとは限らないしね。ここに留まって次に来る分隊が砂漠を渡る、その時には支援してあげて」と言い残すと、ゲイトは愛車イントルーダーのパワーユニットを起動させた。「いい音…助かったわ」とつぶやくと振り返らずに洞窟を走り出て、そして皆もそれに続いた。

荒野

荒野は確かに広かった。固い地盤に砂と石とが混在し決して走りやすくはなく、視界のすべてが地平線となった時、進む方向すら見失う、そんな空虚な台地が果てしなくどこまでも続いていた。それは不安を覚える空虚さだった。そしてよくない情報をエブリが発した。

「6時方向…敵3機…いや4機。同時に来られたら対処できない」

「哨戒中のユニットだな! 二手に分かれて! そうすれば2機ずつ迎え撃てる。街まであと…3マイル。何としても走り抜けるのよ!」とゲイトは言ったものの、敵は高高度から一気に降下して来る。追いつかれるのは時間の問題だった。ゲイトとエブリが直進し、イーグルとシモンズが左に逸れて、それぞれが敵を引き付けた。合計4体の敵は"グラブ"タイプの汎用性の高い攻撃機体だったが、大出力のレーザー砲を背負った"ハインド"も混在していた。そいつが降下しながら、ゲイトたちを射程に捉えるや否やレーザーを掃射してきた。ゲイトとエブリは蛇行してそれを躱す。

「マズイ…全く遮蔽物がない! トレンチ・メーカー(※)だ。シモンズ、聞こえるか!! とにかく発射しろ!!」とのゲイトの怒鳴り声に応えて、すでに600ft程離れた位置を走行していたシモンズがその特殊砲弾を撃ち放った。それら数発がゲイトとエブリの上空から飛来し、対象となるライドアーマーを認知、その周囲に等間隔で着弾すると地中にめり込んで起爆。直径20ft、深さ6ftのクレーターを複数形成する。二人はライドアーマー形態にチェンジすると一番近いクレーターに飛び込んで着地モードに入った最初の二体を狙

い撃った。地質との相性が良かったようで、形成された即席の"塹壕"は形状、深さ共に理想に近く、ゲイトの至近に炸裂した敵ビームの爆圧からゲイトを守った。そして着地時に脚を狙い撃つ理想の攻撃も功を奏し、最初の二体は、着地を果たせず、地面にめり込んだ。だがその直後、エブリが冷静に伝えた。

「南南西2マイルに新たな敵影4機! マズいぞ!!」

人類軍は敵インビットにアルファベット順でコードネームを付けている。"前方から赤いヤツ、後方からは青くてビームをしょったヤツが来る!!"では指示を出すベース基地も混乱するだけだからだ。

接近して来る4体は新型だった。しかし幸い74時間前に中継衛星との通信が回復し、エブリのベーシック・データの更新が成されていた。そのため接近中の新型が、敵が急速に配備し始めた"M(ムース)"の、さらに派生型だと判明した。交戦した経験のないタイプだが、旧来の"グラブ"よりは小ぶりで、反して敏捷性が高くパワーもある。という評価と各スペックとが直ちに全員に供給された。

なんとか敵を倒したイーグルとシモンズにゲイトの指示が届く。「新型が来る!! 合流しろ!!」その咄嗟の判断が正しかったのかは誰にもわからないが、もう敵は有視界にまで迫っていた。4体はまるで一つの塊でもあるかのように降下して来たが、上空300ftでさっと別れ、一体がゲイトたちの進路に降下し立ちはだかると、それに対応して散開したゲイトら4人を、残りの3体が正確に追尾してきた。この瞬間、誰もが今までの敵とは全く違う敵だ、と感じ取ったに違いない。観察すると両腕の先にフレキシブルなロッドが付い

ている。

シモンズが砲弾をばら蒔き、エブリがスモークをまき散らす。イーグルが弾幕を張る。だが敵は繊細さと大胆さを兼ね備えており、今さっきまでの正確な追尾行動を終わらせると、突如、至近の相手に体当たりをかましてきた。ゲイトとイーグルが吹っ飛ばされ地面に強かに叩きつけられた。そして4人は気付くと背中合わせで火器を構えたまま、敵に囲まれていた。さらにまずいことに先ほどから敵は盛んにビーコンを放ち、さらなる増援を呼んでいるようだ。どうしてもこの先に行かせないつもりだった。このまま時間を稼がれたらお終いだ。イーグルが独自の判断で高く飛んで、自分を追尾して来るはずの1体か2体を引き受けようとしたのだが、しかしイーグルは飛び上がると同時に敵のレーザーを真正面から食らい、火花を散らして数メートル先に落下した。敵のレーザーは決定的ではないが、カウンターには打って付けで、同じ行動をとることに意味のないことをゲイトたちに教えた。

「来たっ!!」エブリが顔を上げて叫ぶ。その視線の先には、恐れていた敵増援の一群が見て取れた。このままでは勝ち目はない!

「真上にありったけの誘導弾を撃つ!! 落下して起爆したら砂塵に紛れて好きな方向へ飛び出せ」とシモンズの最後の一手だ。言うが早いかシモンズがありったけを撃ち放った。が、敵はスペックどおりの俊敏性に加え正確さも有しており、シモンズの放った誘導弾は全て正確に撃ち落とされた。どうやらすでに、ライバアーマーに類する人類側兵器を封じる手立てを、敵は充分に分析し揃えているとみて間違いなかった。

「ゼロ距離で奴らのセンサ・アイを撃て! あとは成り行き次第だ」とゲイトも捨て身の攻撃を提案した。がすでに上空には更なる敵増援部隊が

迫っていた。円陣を組んだその数体も新型だった。彼らは囲まれて行動を制限されているゲイトら4人に照準した。

が、しかしその直後、接近して来る敵たちは、上昇ノズルを全開に切り替えると、紫の排煙を残して突如として上昇に転じた。ゲイトたちを取り囲んでいた4体も情報を共有したようで、爆発的な噴射を残して飛び上がった。

「あれだっ!!」

エブリがすぐにその原因を地平線の一点に見て取って指さした。

遅れてきた勇者

ブルドックは地を這う装甲車のような極限の超低高度で突っ込んで来た。10体の敵、新型たちはアーマーサイクルの十倍近いHBT出力波を感知すると、ほぼ本能的に大型の新たな標的、ブルドックに向かって突進した。接近してくるブルドックに猛烈にレーザーを浴びせるが火花が散るばかりだ。

「ブルドックは上面装甲が厚い。高度ゼロなら下からは撃たれない。アーモボマーは…こう使うんだ!!」スピーカーに飛び込んできたのはダイソンの声だった。彼が酷評していた上層部の思い違いを、どうやら身をもって訂正するつもりらしい。「敵と離れていては重装甲、大質量、大馬力は活かせない!!」と叫ぶとその実証に掛かったのだ。撃たれ放題のまま敵が組み付いて来るのを待って人型モードに切り替えると、一体ずつ引き剥がして地面に叩きつけた。

「手足の稼働は12秒間はフルパワーが持続する。この程度の質量の敵なら…」と力の籠った声と共に、ひっつかんだ敵を真っ二つに引き裂

いた。そして直後にメインノズルを引きしぼって上昇に転じた。新型の両腕の先に装備された複数のロッドは、どうやらこのような時にこそ真価を発揮するようだ。アーモボマーの巨体に組み付いた敵たちは、ダイソンともども、どんどん高度を増し上昇を続けた。

「リアクターが制御されてない!! AIの干渉を排除したからだ! パワーユニットが溶解し始めている…起爆するぞ!!」シモンズがセンサリングの結果を叫んだ。その直後、シモンズの解説どおり、閃光が空に広がり、再び凝縮してまぶしい光球が生じた。

ゲイトたちの足元にいくつかの部品と溶けかけたチタンの破片が落ちてきた。シモンズは録画したダイソンの勇気ある戦いを全員に共有してそれに解説を加えた。

「エンジンの一方が出力不足なのは本当だったんだ。それにしては見事な戦いぶりだった」と。

ゲイトは手ごろな金属片の一つを拾うと、それを荒野に突き立て、トーチビームで碑を刻んだ。"遅れて来た勇者、ここに眠る。戦士の名はトニー・ダイソン二等技術兵曹"

そしてネセサリーが、とことこ歩み出て、数時間前に森に分け入って摘んだ白い花を即席の碑に手向けた。

「エーデルワイスか…花言葉は"勇気"だな」

ガラにもなくイーグルが詳しかった。

荒野を走破すると森、そしてその向こうに廃墟の大都市が現れた。勇敢な兵士の犠牲で、また一歩、ゲイトたちは敵の拠点へと歩を進めた。振り返るとやや傾いた陽光を、遥か地平線で墓標がキラリと眩しく弾いていた。

つづく

※トレンチ・メーカー
放物線状に飛び、落下して起爆。応射に適した斬壕(トレンチ)を瞬時に形成する特殊砲弾。

GENESIS BREAKER
08 Horizon
ホライゾン

「新型…ムース・タイプ！
無焦点レーザー装備‼ 離れて戦えっ‼」

09 マイネームイズゲイト
—My name is gate—

廃墟

　そこは闇に飲み込まれた廃墟の街だった。巨大なビル群が、墓石のように立ち並んでいる。地下にも発達した都市は陥没し、最下層には雨水や地下水が溜まり湖を形成していた。文明の痕跡が幾重にも折り重なり、グランドキャニオンと化している。そんな混沌の中心に、赤々とした炎が見て取れ、それが周囲を照らす。ビルに突き刺さるようにして大破した航空機は原形を留めず、幾度か小さな爆発を繰り返しては炎を上げていた。

　月のないその夜、数機の無人アーモボマーが未明の地平線に降下した。高度なステルス性と、自身の幻を発生させる欺瞞装置を搭載した全身黒塗りの特殊機体だが、しかし敵の監視網を避けるには不十分で目的を果たせず撃墜されたのだ。

　重要な貨物を搭載した3号機は、予定降下地点を100マイルも離れた廃墟のビル街に墜落して果てたのだ。

　残骸となった機体は、コード887-887を繰り返し発信した。それは「投下物資を回収されたし」との指令だった。

　「聞かなかったことにもできるぞ」と、呟いたのは星空を背に瓦礫のてっぺんで、幸か不幸か、アーモボマーの墜落を目撃してしまったイーグルだった。しかしゲイトは直感でその"物資"の回収指令に動いた。しかし数マイル先からでも目視できる闇の中の炎は、味方だけでなく、同時に敵も呼び寄せる結果となってしまった。ゲイトたちより数分早く到着した小隊と、飛来した敵パトロールとの間で熾烈な殲滅戦が始まっていた。

　「加勢に行こう、あの数なら蹴散らせる！」と勇むシモンズをゲイトが制した。そしてエブリに命じた。「887の送信者に尋ねて…問題の大切な"ブツ"は何処か…と」。しかし「愚行だな…もうすぐアーモボマーは燃え尽きる。そうすれば搭載されているAIだってオシャカだろうに」とイーグル。「ブラックボックスも兼ねたAIユニットは高高度で射出している。そして随分遠くの安全な何処かに降下したはず。こちらのホネスト・アイデンティティ・コードを送れば…」と言いつつ、エブリは自身でも暗記できない120桁の認識番号を送信した。すると1秒と置かずに返信が成された。「やはりあのド派手な墜落は敵を欺く、つまり欺

瞞だ。ブツはここから数1.2マイルほど離れた陥没地帯に投下された。座標を得たが発見を恐れて"ブツ"は誘導ビーコンを出してない」とエブリが告げた。

　「誘導ビーコンを出していないブツをどう探す？…匂いでも嗅いで探せってか？」と言いつつも、一度言い出したら聞かないゲイトの行動を予期したシモンズが、誰よりも先んじて走り出した。投下された重要アイテムは、彼らが先ほど通過してきた陥没地帯のどこかに投下されているのだ。全員が座標を受け取ると、それを頼りにビルの谷間を走破して現場に急行した。

　陥没地帯は透明度の高い大きな水溜まりとなっていて、地下鉄の構内を飲み込んで広がっていた。これじゃあ見つかるはずがない…とシモンズが愚痴を言おうとしたその時、索敵センサーに何かが反応した。

　「人類軍の応答パルスだ。この水溜まりの底に沈んでいる」とエブリがセンサリングの結果を告げた。その時、サイドカーのシートに収まったネセサリーが前方の闇を指して言った。

　「来るよ…」と呟いたのだ。

　全員がネセサリーの指した方向に照準すると、

来客が猛スピードで闇を突いて突進してくるのが感知できた。

「新型…ムース・タイプ！　無焦点レーザー装備‼　なるべく間合いを取って戦えっ‼」とのエブリのアドバイスに全員が呼応すると直ちにモトスレイブ状態に移行し、同時にその場から後方にスラスタージャンプして散開した。しかし上昇した直後、各員の対物アラートが鳴り、そこで初めてセメントの天井に行動を制限されていることに気づいた。そんな有利とはいえない環境にあって、唯一シモンズだけはその場に留まると、搭載している大口径火器を接近して来る敵の真正面にぶち込んだ。しかし同時に敵の応射もシモンズを捉えると、彼は後方に吹き飛んだ。ほぼ相打ちの様相だ。しかしシモンズが直ちに立ち上がったのに対し、敵はセンサーアイを砕かれその場に崩れた。

だが動きを止めたその敵の背後にから二番手が現れると、各員が一斉射撃を開始し、暗渠は激しい撃ち合いで昼間の明るさとなり、火花と爆炎がそこらじゅうに広がった。

新型たちは、明らかに人類側の正面兵器"ライドアマ"対応に特化しており、致命弾を見舞おうと背後に回り込んだエブリとそしてゲイト

にも、素早く対応した。二人の真上の天井めがけて放たれた敵の最大出力のレーザーが天井を突き崩し、それはゲイトの頭上に落下した。1トン近い構造物がゲイトを襲うと、ゲイトの意識はそこで…途絶えた。

目覚め

ゲイトは、1分とも千年と感じられる眠りから目覚めた。

混沌からの覚醒の自覚はあるものの、ここが何処で、自分が何者なのかを特定できないまま、周囲を見渡した。深い闇と、時折シグナルのように明滅する赤い光点が見える。ここは何処だ？と心で問いかけると、ほぼ同時に数千枚の図面、構造図が脳裏に去来する。私は誰だ、と自問すると今度は自身の身体データが必要なだけ提示された。体を構成する骨と歯を除いた37兆2000億個の細胞は質、機能ともにオリジナルを尊重してコピーされてはいたが、すべては人工物に置き換えられていた。

数ヵ月前にインビットとコンタクトした際に、オリジナル・ゲイトから取得した身体データの具現化

が、今ここに完了したのだ。今の彼女には、支配階級のイズメイア家の継承者として育てられた幼少時から今日までの記憶に加え、果てしない時間と空間を旅してきたインビットの記憶を所有していた。

彼女は今、巨大な構造物の中心にいた。数百階層重なった巨大なストラクチャーは、それ自体、生き物のように神経伝達ケーブルとフレームとで紡がれていた。地中深くにまで突き立てられたロッドが、地球コアの熱をエネルギーに変える変換機に接続され、無尽蔵の原動力となっている。ここはインビットたちの要害、レフレックス・ポイントの中心に位置するプレグナント・ゾーン（pregnant zone）だ。彼女がゆっくりと羊水のようなジェリーから歩み出ると、専用のスーツが裸身に纏わりつき、更に彼女専用の戦闘用ディバイスがその外を覆った。そしてその意識はダイレクトで果てしない容量の記憶バンクと繋がった。インビットたちが"前宇宙"から繰り越した文明と生命とのデータソースの海には水平線がなく、時間の無限ループと空間の無限ループがただただ存在していた。過去と未来、果てと果てが無段差で繋がったその記憶には一切の境界線がなく、ゲイトはそこで初めてインビットたちが時間

GENESIS BREAKER

09 My name is gate

マイネームイズゲイト

や場所の概念を有さない意味を知った。人類が信じている過去、未来、果て、といった概念はあくまでも仮のもので、すべてはひとつで同時に無限なのだ。そしてインビットたちの使命、あるいは存在そのものも宇宙の一部であるため、人類の唯一の本能である"種族の延命"などは、それらと照らした時、なんの意味を持たないことも理解できた。しかし地球の奪還に焦りを覚えた人類は、今、疑心暗鬼に駆られ、"インビットの火星侵略"という在りもしないシナリオを恐れ、究極の戦略を決定した。その作戦がインビットの"大目的"の妨げとなる可能性が、たちどころに算出され数値化されると、同時に彼女、インビット・ゲイトの使命も定まった。

┃襲撃

人類側の暗号を解読する必要はなかった。目的を持った重要な要人は、他の将兵とは異なり、手厚く守られ秘密裏に行動、移動する。そのため機密保持の動向、防御の手厚さを数値化するソフトに寄れば"特別なひとり"を割り出すのにさしたる時間は要さなかった。それはレフレックス・ポイント北東部の大原生林を超えたところに位置する岩場に、一週間ほど以前に布陣した第444ギャリソン（駐屯地）に着任したひとりの男であった。やがて決行されるであろう大作戦のキーマンであり統合本部直属の最前線一等司令官の肩書を持つ男だ。固有名詞はパートソン指令。本作戦の地上における全権だ。彼らの秘める作戦をくじくには、当人の排除と、使用さ

れるツールの破壊がもっとも手早い。インビット・ゲイトは重攻撃型3、汎用戦闘型6の編成を選択すると、レフレックス・ポイントの射出ポートに立った。重力波が彼女を十数秒で高度4000ftに打ち上げると、そこで彼女の選定した攻撃部隊と合流した。湿った外気が装甲を氷結させたが、彼女は気にも留めず、目的地への最短距離を飛行した。

経脈の圧迫による意識の途絶と衝撃から、ゲイトはようやく回復した。駆け付けた援軍によりゲイトらは窮地を脱し、問題のマテリアルは既に…あるべき所、444駐屯地に速やかに搬入されていた。彼女たちが回収に奔走した正体不明のマテリアルとは——全長50インチに満たないタングステンとベリリウムの合金のケースだった。
「ありゃ特殊砲弾の信管だな。掘削作業で使われるやつだ。」と、負傷した右腕を自身でメインテナンスしながらシモンズが語る。
「レフレックス・ポイントを吹き飛ばす融合爆弾の信管か？」とイーグル。
「わざわざ信管を別に搬入するからには、ただの爆弾じゃないわね。恐らく本体は既に搬入済みで、それで最後に起爆のための信管を送り付けて来たのよ」とは元テロリスト、エブリの洞察だ。
首を摩りながらようやく立ち上がったゲイトが言う。「岩場の西は広大な原生林でその向こうがレフレックス・ポイント。もしかしたら地中貫通弾で内部破壊を誘発する作戦かもね」
全員がなるほど、とゲイトに見向いたとき、テントの前に立つ歩哨が靴を鳴らす音が聞こえて、ひとりの軍服姿の男が入って来た。軍服は火星

正規防衛軍のものだが、勲章兼アイデンティティ・パスは司令官のそれだった。若い。20歳代にも見える容姿と階級が全く不釣り合いだった。自身にも充分にその自覚があるようで、彼は始めた。
「階級と年齢は不問だ。呼称はパートソン指令で統一している。444ベースへようこそ。私は本作戦の全権だ。そして本作戦は目下地球侵攻プログラムの最上位に位置している。その作戦に不可欠な物資の回収に協力いただき感謝する。あれがなくては始まらんのでな」と一息で解説した。
「よほど強力な兵器なのですね、指令」とゲイトが問う。
「この戦争を終わらせる程度の威力はある…とだけ申し上げよう。火星上層部もいい加減、成果を出さないと焦れていてね。少々乱暴な作戦だが、7日前、火星幕僚会議に於いて全会一致で承認された。」と指令は事も無げに言う。
「もしかすると、あなたがその提案者ですか？」とのゲイトの質問に、指令はポーカーフェイスで小さく頷いた。聞きたいことは山ほどあったが、指令は慌ただしく呼びに来た副官とともに、敬礼だけを残してその場から立ち去った。
足音が遠ざかったのを確認するとイーグルが発言した。
「あのアイデンティティ・パスは第三次降下作戦の指導者のひとりだな。」
「火星統合司令部、直属か」とはシモンズ。
「恐らく今、北半球に布陣した部隊に於いて、一番のお偉いさん…てとこね」とエブリ。
「しかし、そりゃあどんな作戦なんだい？　この駐

屯地の規模はかなり小さいぞ。兵員はざっと見て数十人、AFVだって20両もない。火砲に至っては数門だ。それでいったい何ができる？」とイーグルの発言はもっともだった。

「まさか爆弾抱えて特攻みたいな、そんな作戦なら関わりたかないね。野蛮すぎる」とのシモンズの発言が終わると、「第三次降下作戦は最後の奪還作戦となるのは知ってるでしょ。人員、物資には限りがある。失敗は出来ない。だから…」とゲイトがその先を言い淀むと、イーグルが続けた。「知ってるさ。北米大陸ごとレフレックスポイントを吹っ飛ばすっていう禁じ手はずいぶん以前から語られ議論されて来た命題だ。クラスト・ボム（地殻爆弾）だったっけ。降下作戦の不成功時の最終手段だとされている」

「威勢のいい話だな。人類にそんな勇気があれば、だが。この際ネセサリーの意見も伺おうか」とシモンズが振ると、その横に座っていたネセサリーが、耳に手を当てて、ほら聞いて、というジェスチャーをした。突如、緊張が走ったその数秒後、けたたましく警報が鳴り、対空砲火が火を噴いた。それは敵襲を告げる警報だった。全員が直ちにプロテクターを身に着け戦闘準備に入った。

｜ 会敵

　火砲が火を噴き、夜空に火球が広がっていく。襲来した敵は巧みにその砲撃を交わしたが、最新の近接信管は、それでも優勢、二次元機動力に長けた敵を正確に追尾すると、空中で二体の敵を撃破した。しかし残りの戦力はベースキャンプ中心のレーダーサイトと地中に埋没式で設営された仮設司令部を急襲した。歩兵たちはショートレンジで有効な携帯ロケットランチャーを担ぎ出すと、敵、新型の前と後ろから狙い撃ちして応戦した。

　近くで砲弾が炸裂するとテントは吹き飛ばされ、ゲイトたちもまたしても最前線に立たされた。あまりの突然の急襲にベースキャンプは対応できなかった。着地した新型が対物レーザーを全方位な放つと歩兵十数人が一斉に倒れた。

　イーグルはめちゃくちゃに援護射撃を行いながらも後退り、そして怒鳴った。

「撤退か!!　それとも命がけでその大事な荷物だが信管だかを守るのか、すぐに決めてくれっ!」と。

　決断を迫られたゲイトは躊躇なく決断した。

「撤退だ！　このベースを放棄する!」とのゲイトの声にシモンズも賛成した。「懸命だな、敵は新型の殲滅部隊だ。先手を取られてしまったからには出直すのが良策ってもんだ!」と意見は纏まり一行は直ちにバイクモードに移行すると、火器を乱射しながら後退した。

　しかし。その退路に黒い影が待ち受けていた。

　銃撃戦の閃光がその見慣れない敵を照らす。体高約7ft。人間のようなシルエットはデータにないまったくの新手だった。それは攻撃の意図を示さず、数歩、ゲイトらに歩み寄ると、正面の装甲が開いて中からパイロットが姿を現した。イーグルがメットを跳ね上げて目を擦る。

そして「なっ…なんの冗談だ!」と呟いた。

つづく

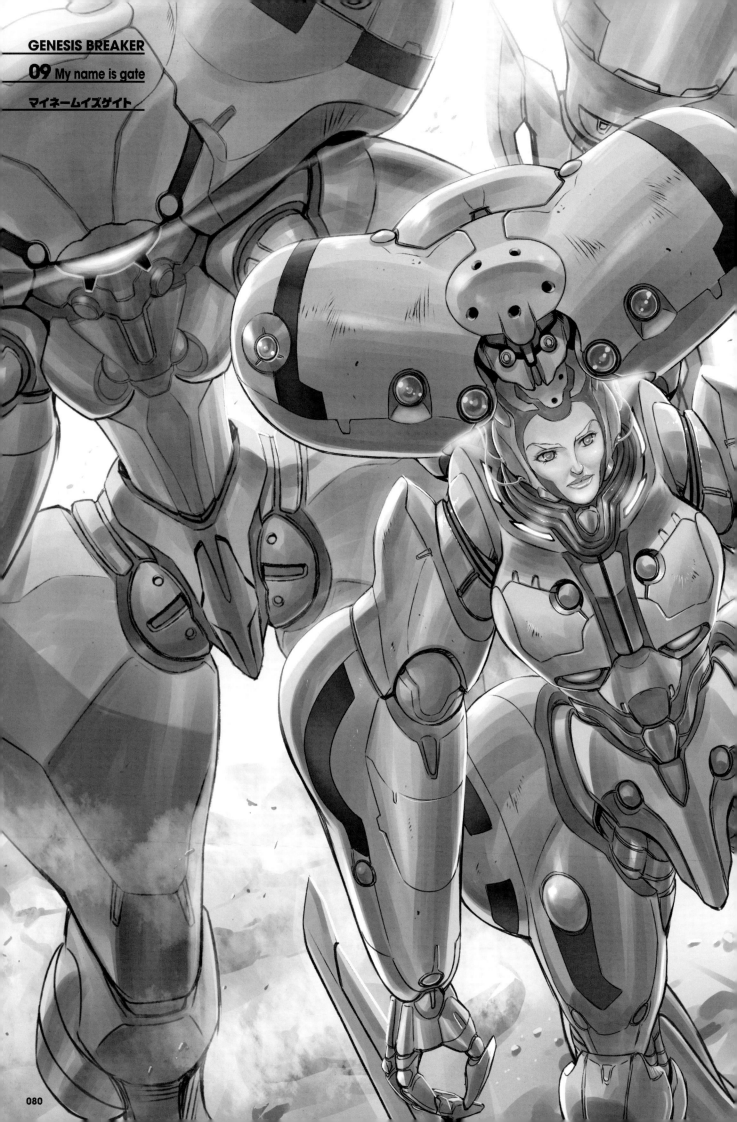

「こいつは新型だ… 第三次降下作戦用か？

「10」―POLESHIFTポールシフト

ゲイトたちの前に現れたのは、敵、インビットの新型ディバイスだった。"中身"に相当する合成筋肉の組織こそがインビットで、硬質な外殻が人工物なのか、それとも外殻も含めてインビットの本体なのかすら判明していないため、人類の前に次々と現れる新種の敵、正面兵器（直接戦闘行動する兵器）ディバイス、そう呼称するのが適切とされていた。

しかし今までとは異なる、極めてスマートな"ディバイス"が、これもまた大きな新型、数基を従えていた。そしてそのスマートな甲冑から姿を現したのは、身長は5ft6inの女性だった。やがてその顔が燃え上がる炎と爆発を受けて露わになると、ブレイカーズの面々は驚きの声を上げた。イーグルは「なんの冗談だ‼」と唸るしか無かった。

一番早く理解したのがエブリだった。ゆっくりとゲイトに歩み寄ると、なぜか声を殺して言った。
「あの時、抜き取られた身体データを使って複製を作ったのよ。奴らの技術なら他愛もない部類ね」と。

関節のサーボモーターの音を殺すように、静かに歩み出てシモンズが意見を言う。
「第一次降下作戦の最前線から帰って来た中隊長が、こんなことを言っていた。今日100人の

兵士が戦死すると明日、インビットが100体増えてる…と」。さすがに頭脳明晰のイーグルは、その不気味な風説を幾度か反芻してから言葉にした。
「まさか…奴らの…"原料"は…人間ってことなのか‼」

しびれを切らして、ゲイトと同じ顔を持つ、そのパイロットが口を開いた。
「16層ある命令指揮系統の上部3層は人類の兵士を使う場合もある。私のボディガードも…」と言うと、いつの間にか彼女の後ろに控えていた大きな新型ディバイスの正面が開いてパイロットが姿を現すと、彼らも"人間"に見えた。
「なんてことだ‼」とイーグルが一歩、後退った。狼狽した様子が見て取れた。
「我々は人間の兵士だった時の記憶と、インビットの記憶を持っている。人間は"発生"してから"死滅"するまでの片道の生命循環しか持たないが、何度でも個体の再生が可能で、種族としては"前宇宙"から"現宇宙"、そして"来宇宙"へと、ビックバン（爆発的拡大）とビッククランチ（爆発的収縮）を貫通するインビットには、人間のような時間、空間、感情の概念はない」
「いいだろう…そこまで言ったからにはご説明願

おうか！ お前たちはこのあと地球をどうするつもりだ‼」とシモンズが言う。
「地球は我々の最後の中継地だ。蟹座の恒星、アクベンス、タルフ、アセルス・ボレアリスなどのエネルギーと周辺星団を素材として巨大なデータ・シップは完成しつつある。その船に"現宇宙"の全ての文明と生命データを搭載した後、約600年後に迫った宇宙収縮に備え航路を決定し、"来宇宙"へと飛翔する。そうすることがインビットの使命だ。それが運命なのか何者かの意思によるかは不明だが、何も行わなくては宇宙の爆発と収縮の度にすべてが失われて宇宙はひたすら空虚なものになってしまう。"現宇宙"に文明が存在し地球人類が存在するのは"前宇宙"から我々がそれらの"元"を搬出に成功したためだ」

一度大きく深呼吸してから、ゲイトが口を開いた。
「宇宙が拡張から縮小に転じるのはもっと遥かに先のはずでしょ…600年て、もうすぐじゃない」

彼らの壮大な物語の前に、ゲイトのコピー事案はバリュー負けして虚ろいだ。
「時間、空間、波動、力場はそれぞれ無縁ではない。人間が便宜上、そう分類しているだけで、縮

小に転ずれば時間も逆進する。我々の高度な"宇宙複合循環測定"によれば今回の"収縮"には特徴があり収縮が始まればいろいろとイレギュラーなイベント（事象）が発生する。そのため"船"は6重の時間、空間、波動、力場繊維で編まれ、宇宙の縮小速度に対して加速、減速が可能なモーターも搭載している。つまり次期宇宙への飛翔準備は整った。しかし残念ながらこの太陽系も含む辺境領域への探査、情報収集には、もう時間がない。情報収集に訪れたものの、地球圏が最後の中継地となった」

話が佳境を迎えた時、彼女の別の部下が突如飛来し、何かを彼女の前に投げ捨てた。それは"動かなくなった"パートソン指令の体だった。

「彼がターゲットだったの!?」とエブリが反射的に言った。

「この男はあと数体存在する。火星軍の地球侵攻作戦の担当者でオリジナルからの複製だ。6体全てを探し出して始末する」と淡々とインビット・ゲイトは言った。

「その作戦があなたたちにとって不都合だから?」とゲイト。

「奴らの思考は恐ろしいほど短絡的で危険だ。地球地殻に超高圧縮金属を撃ち込み、地球の磁場を逆転する破壊的ポールシフト（極逆転）を発生させるつもりだ。地上の文明、大半の生物がそれによって死滅する。我々インビットが地球掌握の後、火星を侵攻すると、疑心暗鬼に駆られての行動だ」

そこでイーグルが歩み出た。「あんたらの壮大な移送計画がホントなら、火星の連中を説得できるはずだ!」

インビット・ゲイトが目線も動かさずに、表情も変えずに返答した。

「奴らに話が通じると？　彼らの度重なる地球奪還作戦決行の度に、我々はあらゆる言語で中止を勧告したが、陽動作戦と断じられ意味はなかった。我々の拠点の中心には地球圏の全てのデータが世界樹の形となって生育完了した。ほどなくその全てを蟹座へ向けて送信する。飛翔の準備は整いつつあると告げたはずだ。邪魔するものは全て破壊抹殺する。この破壊計画を立案・決行せんとするこの男のように」

言い終わるとインビット・ゲイトは踵を返してマシーンに収まろうとした。その背中にゲイトが声をかけた。

「なぜ"わたし"をコピーしたの?」

するともう一人のゲイトは、ゲイトの目の前まで引き返すと「お前たちの目的が我々とのコンタクトだったからだ。だが失望した。その目的は単に我々を知り、攻略方法を立案しようという…未知のものを恐れ警戒し排斥せんとするが故の狭小な探求心だ。狼や熊と変わらない」

インビット・ゲイトはゲイトを見つめたまま後退し、目線を宙に浮かして最後に語った。

「地球圏の全データを"船"に積載するか否かはレフレスが決定する。大宇宙を14分割した第14セクターの総責任者だ。彼女は既に世界樹となった地球の生命・文明のデータの集積と一体化しそれを吟味している。彼女自身がレフレックスポイントであり、飛翔する機能を持つ船、そのものだ。原則"全てを可能な限り"積載するが、必ずしも残らず全てを搭載するとは限らない」

インビット・ゲイトがディバイスに収まると、吐き捨てるようにスピーカー音声で告げた。

「火星軍の最後の反撃…第三次降下部隊の大船団は既に火星を出発した。最後の警告だ…すべての侵攻計画、破壊計画を中止しろ。足掻いても結果は見えている」

そう告げると彼女とその部下たちは現れた時と同じくらい速やかに夜空に飛翔した。ゲイト達が正気に戻るとそれらは既に天空の星の大きさ

に成り、そして消えていった。エブリが全員に見向いて手を広げ。「600ポンドくらいはありそうなあのディバイスたちが飛翔するのに、熱い高圧ガスもスラスターも使わず、一瞬で夜空に飛んだ…明らかに以前よりも急速に進歩してる。第三次降下部隊が壊滅させられるのは、ハッタリじゃなさそうね…」と自称気味に言う。

別動隊

　小山ほどもある岩陰にゲイトらは潜み、特殊部隊の到着を待っていた。情報局から届いた暗号通信が、特殊部隊の派遣を通告してきたのだ。彼らは月のない夜に密かにやってくるのだ。通常の増員や欠員を埋めるための補充兵員でないことは確かだった。

　地平線の彼方では小規模な戦火が認められる以外、虫も鳴かない静かな夜だったが、突如高高度で火花が散った。エブリが軍用スコープで事態を探る。「2…いや3機の機影。戦闘機だけど新型…翼の後退角が通常のと違うとAIが言ってる。アッ、囮の熱源を盛んに放出してる。敵の高射砲にはまだ見つかってない…」

　事態を把握してゲイトが叫ぶ。

　「通信…誘導ビーコンは出さないから可能なとこに降下してと伝えて。こっちがそこまで行く」

　「それが賢明だ。敵は個体も部隊も機敏さを増してる。敵のレーダーサイトを避けてタッチダウン可能なとこに降下させろ。面倒だがこっちからその降下地点に行く」

　イーグルが合意した。

　幸運にも派遣部隊の二機の戦闘機は、枯れた森の奥深くに半分墜落気味に降下した。全体を真っ黒な電波吸収剤で包んだ新型だった。パイロットは一名だが、後部のブースターには特設の積載スペースが設けられ数名の兵士が同乗していた。機体と同じ、全身真っ黒な戦闘服に身を包んだ兵士は、力の籠った敬礼とともに話し始めた。

　「軍での階級は少佐ですが情報局・特務隊・特別侵攻計画司令官のオルドリンです」

　イーグルとシモンズが同時に口を開こうとしたが、ややシモンズが先んじた。彼の搭乗機を指してから。

　「こいつは新型だ…第三次降下作戦用か?」

　「spiteful（スパイトフル＝黒いレギオス）です。表面は構造発色で黒からブルー、オレンジに変色可能。再突入時の高熱でも変質しない特殊塗料で…」

　「で…我々との合流の意図は?」とゲイトが割って入った。

　オルドリンはメットを取ると一拍置いて話し始めた。

　「情報局は地上特派員たちからの情報を招集、分析してレフレックスポイントにエネルギーの集積を感知し、彼らが…つまりインビットたちが飛び立つ準備に入ったのではないかとの憶測を立てています。地上に於ける敵の防衛拠点の数も減っている。その他さまざまなデータから…」

　「鋭いわね…情報部の分析官は優秀だわ、で」とゲイトが促す。

　「ここからは特一級守秘義務情報でして…」とオ

ルドリンが言い淀むと、少しイラついたエブリがゲイトを指さして、

　「情報局・局長のその上の某イズメイアー家の筆頭の娘よ!　あんたの給料を査定している上級武官の上の上の上の上の…」

　もういいから、とエブリを押しのけてゲイトが、「続けて」と言ったが、全てを察したイーグルがしゃしゃり出てきた。

　「ははあん…聞くまでも無く大体分ったぞ。情報局は直線行動的な軍に対していつも懐疑的だった。あれだろ、降下作戦が芳しい結果を出せなかった時の…某地球壊滅作戦にかかわる話だな」と勿体付けて言うと、オルドリンはミュージカルのような分かりやすい驚きを浮かべて「どうしてそれを!」と叫んだ。

　続いてイーグルの後ろからシモンズが言う。

　「なあに昨晩、通りすがりの司令官に聞いたのさ。地球の北極と南極をだ…その…入れ替えて逆さまにして…」

　シモンズのその判りずらい解説を聞くと、オルドリンは深呼吸してから続けた。

　「秘密作戦は正にグレートリセットです。軍の急進派が推し進めていて、実行されると地上は完全に破壊されます。自然や生態系も壊滅して…彼らはそれを"新・新世紀"と」

　「つまり…」と、ゲイトは慎重になって、「降下作戦失敗時には…インビットも地球も死滅させるという事?」と尋ねると、オルドリンは次のセリフを言い淀んだ。

　「言いづらいようだから、軍籍が一番長い俺が説明しよう…。火星軍はもともと火星防衛軍だった。つまり地球に独立戦争を仕掛けて火星独立

勝ち取ったいわば反乱軍でもある。この際地球を壊滅させられれば、地球の統治者である世界統一政府の影響を完全に排除し、地球を火星の植民地にできる。何年か前そういう内容のイカレた小説がベストセラーになったことがあっただろ」とイーグル。

「"月の向こう"だ。ジョナサン・ホーフェンス著。第一世代の火星入植者は、火星の希薄大気に適合するように生体改造された上に過酷な労働に酷使された。その時の恨みを忘れず、火星を植民地として卑下して来た地球統一政府に何時の日か、一丸となって報復しよう！ 地球大気を火星のそれと同成分の希薄大気化し、希薄大気でも活動可能な"火星人"を送り込んで地球をマーズ・フォーミングし、火星の植民地としよう。と、酔いつぶれた政治家の独白で始まる下劣なナショナリズムを掻き立てる小説さ。まさかそれを今さら実行しようとは…」とシモンズ。

「地球破壊工作の作戦名は"月の向こう側"作戦です。軍の最高武官たちは、まさにその何十年も昔の小説に象徴されるナショナリズムに陶酔しているんです」
とオルドリンは落胆したが。

「判る…第一次、第二次降下作戦の戦死者は地球に於ける三回の世界大戦の4倍。そして成果はゼロ。次が最後の降下作戦。不成功ならもはや極端な作戦しか残されていない。全部終わらせるという究極の選択というわけか」
とエブリが理解を示した。

「それはｲｶれた元テロリストの感想！ それともあなたの持論？」とゲイトは語気を強めた。

「精神作用の話だ！ 失敗失敗失敗…と続くと

論理的にも感情的にも、成功が望めないならオールリセット、全部壊してやり直しっ、ていう境地に達するのはイレギュラーではなくむしろスタンダードな精神作用」と専門分野のエブリは言う。
「簡単に言えばヤケクソだな。で、情報局は地上の我々にどうしろと」とイーグルが結論を求めた。
「我々の部隊はあと三組、降下します。狂気のグレートリセットを阻止します。さらにすでに降下している工兵部隊にも情報局を支持する部隊が存在します。彼らと合流して総戦力を増やしてから実行に移す予定です」

　オルドリンの説明を聞き終わると、ゲイトは沈思黙考…しばし夜空を見つめてから。
「あっちの"ゲイト"がやろうとしている事と……奇しくも同じってことね。壊滅作戦の阻止っていうことね」と呟いた。

つづく

GENESIS BREAKER
10 POLESHIFT
ポールシフト

GENESIS BREAKERS

「私の権限で、今日、ブレイカーズは解散とするわ」

11 —Data ship— データシップ

インビットの使命

　途方もないエネルギーを必要とする重力波通信によって、577.3光年も離れた蟹座、M44プレセペ散開星団に浮かぶ、巨大な"船"の画像が、インビットの拠点であるレフレックスポイントの作戦室に映し出された。繭を束ねたような構造の超巨大宇宙船は、時空から孤立可能な外殻で全体を覆われ、その船体の大半は"現宇宙"の生命、文明、構造のデータで満たされ、残りのスペースが推進器だった。宇宙収縮の際の絶望的な速さをエネルギーに変える転換炉はすでにテスト済みで、その船首はやがて起こる宇宙の収縮点に向けられ、最後のデータの束を辺境宇宙から受信中だった。天文学的には1秒にも満たない、あと600年という短時間で、現宇宙が一点に凝縮されることを観測して以来、数千年をかけて彼らはこの船を建造した。来世に現世の全てを転送するという壮大な仕事を使命として存在するインビットは、言わば宇宙の遺伝子としての機能を、既に何千タームも行ってきていた。それは我々人類が使う時間の概念を超えた長大な時空間の性で、彼らがそれを怠れば宇宙は

空虚で無価値なものになってしまうだろう。
　船の製造行程はすでに98％が消化済みで、搭載した無限に近い量のデータの整理と、予備推進器の点火システムのテストのみが残されていた。
　一方、インビットを単なる"生存圏を略奪する侵略者"としてしか理解できない人類火星軍の最後の攻撃軍が、火星を離れ地球圏へと進む様子も映し出された。彼らの兵器も、この短期間に進化を遂げ、戦闘時に正面に立つのは無人化、AI化された戦闘用マシンたちだった。敵を倒すという単純な目的を追求した破壊のための軍隊だ。それは火星の物質的、人的資源を総投入した、人類側の最後の巻き返し作戦だった。

　レフレックス・ポイントの作戦室の広いホールには、地球侵攻軍の人類兵士からコピーされた数千名のインビット指揮官が集められ、最高意思であるレフレスからの指示が下された。それは言語ではなく、映像でもなく、どうすべきか、なにが最善か、というイメージとして、結論として示されると、各員は自分の役割を瞬時に理解しそして直ちに行動に移った。その中にあってインビット・ゲイトは、オリジナルのゲイトの記憶の中から

彼女の生い立ちと、彼女が地球に派遣された理由を反芻した。血脈という充分条件で、再び地球の支配権を奪還しようと目論む一族の、独善的な欲望を果たすため、ゲイトは育てられた。しかし地球が残されなくてはその目的は達成されないはずだ。インビット・ゲイトは、ゲイトとの唯一の共闘条件をそこに見出すと、ゲイトへの交信を試みた。

ゲイトからの呼びかけ

　北大西洋に面した大陸の東端に宇宙基地がある。かつて20世紀、初めて人間を乗せて地球軌道を飛んだ宇宙カプセルもここから打ち上げられた、そんな宇宙開拓時代の要所だ。インビット来襲時には多くの人々が、月や火星に避難した際にも、ここは宇宙港として機能したが、今、それらの施設は破壊され、赤さびた幾つかの巨大なガントリーが風に吹かれて突き立っている。しかしその地下には、もう一つ別の秘密の巨大施設が残されていた。
　それは世界大戦時にICBMの格納庫として使われてい施設で、接近する監視衛星や武装

衛星などを破壊できる高出力のレーザー迎撃システムも健在だった。

　情報局はここを、火星軍の急進派たちによる地球環境を一度破壊してリセットしようとする計画"グレートリセット計画"を阻止するための拠点に選んだ。そして敵、監視網をすり抜け、降下に成功したオルドリン率いる特殊工作員たちがここに集まっていた。

　ゲイトたちもその末席に居た。

　そして改めて防止作戦のために送り込まれて来た若き指揮官オルドリンと、その部下40名、そして彼らの装備に目を凝らした。彼らと遭遇した夜は月も無く、さらに敵に視認されることを恐れ、装備したブラックライトの元での行動が続いたため、その詳細はこの地下施設に再集合することで初めて明瞭となったのだ。全身漆黒に塗られたアーモファイターとアーモボマーたちは、以前に増して、強力な兵装を装備している。また多数の携帯火器、迫撃砲、AI搭載自動追尾弾に音跡追尾弾。そして第三次降下作戦用に開発された最新のアーマーサイクルと、そのドライバーたちである。注視すべきは"生身の人間"と思われた40名ほどの兵士たちだ。彼らは微かなサーボモーター音を放って歩く機械化歩兵だった。ロ

ボット兵士の開発は随分と以前から行われていたが、彼らはギアとフレームで稼働する旧来式の無骨なロボットではなく、歩兵の補充要員として生産された、人間と見間違う、そんな外観を持つ最新型だ。しかし高次な自律性を有するため、オルドリンの指示を聞きながらも、それを録音し前頭連合野に記憶しつつ、しかしせわしなく装備の整理、点検を行っていた。体自体は合成筋肉で稼働するが、肩や腰の強化フレームはモーター駆動で、数ヵ所にライドアーマーとのコネクターが見受けられた。

　ゲイトが、彼らを目で追いながら「自分たちが随分旧式に思えて来たわ」と呟く。と、シモンズが「それは俺のセリフだ。俺の体は当時の一番ありふれた代替え人工筐体だからな。そろそろ買い替えたほうがいいらしい」とぼやいた。

「兵士の頭数合わせのためではなくReplenish-man（補充兵員を指すスラング）だけの部隊は初めて見た」とエブリも感嘆符付きで言う。イーグルは「奴らにも地球の唯一無二性が理解できると良いんだがな」と、どこかで入手した地球製達法タバコに火を付けた。

　オルドリンは情報局の意思を端的に述べた後、"グレートリセット計画"妨害工作のあらまし

に移った。

「現在地球に派兵された兵士、および火星から地球圏に向かっている第三次降下部隊の兵士たちは、一様にインビットを撃退し地球を取り戻すことを至上目的と教育されている。従って火星軍上層部の独善的な強行作戦、つまり彼らが"月の向こう側作戦"と呼称する地球壊滅計画"グレートリセット計画"の全貌を知れば、少なくない有志が我々に賛同するとのシミュレーション結果がここにある。これは心の動きではなく論理的思考に於ける作用を分析した結果であり、合理的、論理的思考を訓練された兵士であればあるほど顕著な例となる。我々は手始めにこの施設の高純度通信システムを使い、北米大陸に展開中の各部隊、兵士、ひとりひとりこれらの情報を送付する。インビットもろとも制限無き打撃により地球環境も、地球自体も破壊せんとする愚かな作戦の顛末も添えてだ。その後大陸数ヵ所に集結拠点を設け、集まった志願者と共闘し、火星軍上層部の無謀なグレートリセットと言う名の地球壊滅計画を、実力を持って阻止するものである。作戦の詳細、手順もデータとして簡潔化し送信する」と締めくくった。

　一部始終を聞き終えてゲイトが独り言のよう

に言う。

「インビットたちの主張に嘘がなければ、私たちが何もしなければ、彼らはこの後、地球をやがて去る…"もう一人のあたし"から知りえたインビットの情報は、彼らの目的が現宇宙の終焉を飛び越えて"来世"にすべてを繰り越すという大使命を負っている事や…とにかくそうした情報は火星情報局に届いたの?」

とのゲイトの疑問にエブリが応えた。

「軌道上の通信衛星との交信が回復したのですでに情報は送信した。恐らく月の裏の司令船には届いて、今頃は火星情報局の担当士官が受け取り、分析に入った頃」

それを聞くや紫煙を吐きながらイーグルが口を開いた。

「遅きに失したな…第三次降下部隊はすでに火星を発って接近中だ。それに、その情報を、戦争を主導している火星軍上層部が信じるとは思えない。奴らの解決方法は破壊しかない。そのための組織だからな。奴らにとっては、インビットの行動はどうでもよくて、すでにグレートリセットそのものが目的化している。いや、そう見たほうが現実的だ。事実、第二次降下作戦発動時も、作戦発動後は敵インビットの動向如何に関わらず、敵本拠地まで侵攻し敵を殲滅する事のみが最優先された。地球残留者たちや環境に齎される被害は一切考慮されなかった」

その発言に続けて、顎に手を添えたままシモンズは言う。

「インビットの行動は証明できない未来の一つだからな。いや、どの未来も証明はできない。ただどのパターンの未来を信じるか、その選択だけが

出来る。そうだろネセサリー」と問うと、投擲弾の詰まった大きなケースに腰かけて半分眠っていたネセサリーが、とりあえず敬礼を返した。

シモンズの意見が終わるのを待って、意を決したかのようにイーグルがタバコを投げ捨ててからゲイトに見向くと。

「あえて聞くが…我々を送り込んだイズメイア家の意図は、インビットとコンタクトしてあわよくば共闘し、自分たちに有利に地球占領策を進めんとする独善的火星軍部に先んじて、地球に於ける利権を再度、確保するためだ。再び支配者にのし上がる絶好の機会だからな。この際だから誰がより利己的で誰が抜け駆けしようとしている悪党か、なんて無粋な事は問いただされんよ。しかし誰一人として"共通善"を目的として行動している奴はこの世の中にいないものなのか?!」と言い切りそして続けた。

「そうと知ってるからこそ」

と前置きしてから、ブレイカーズの面々を見渡してから。

「お前たちも消去法でこの部隊に参加したんだろ。恐らく…」

と言いつつエブリに見向くと。

「政府施設の融合炉を二つだか三つ吹っ飛ばした元テロリストは、司法取引で無罪放免と交換に…」

次にシモンズに目線を送ると。

「マシン兵士は高価な人造肉体を得るために」

小さなネセサリーに向かっては。

「"限定されてる肉体の成長"を解除するにも超法規的対処と資金が必要だ」

そして最後にゲイトに視線を戻すと。

「あんたはあんたで支配者一族の血脈の束縛からは逃れられんしな」

そして最後の最後に自身の行動動機を吐露するに至った。

「俺は俺でだ、再生施術を複数受けているため元々の記憶がない。恐怖も痛さも思い出も持ってないから、もう一度だけ人生をやり直したくてな。軍務から解放された平凡な生涯ってやつを、ついでにシモンズと同じだが、新鮮な肉体も希望ってわけだ。このまま軍務に従事して居ちゃ、また戦死して再生を繰り返すだけの人生だからな」

ゲイトは、そのイーグルの懺悔にも似た語りが終わるのを待って、何時になく冷めた表情となると一歩二歩、歩み出てから皆に振り返り。

「インビットがなんたるか、を既に送信済みなら…我々の使命は終わったことになる。この分隊はそのために組織されたのだから。イーグルが言うように、私に残された使命は、軍部急進派たちの過度な破壊を阻止して、地球をなるべく無傷で取り戻し、戦後イズメイア一族の影響を最大化する事くらい」と、冷めた口調で続けた。そして一度大きく息を吸い込んでから。

「私の権限で、今日、ブレイカーズは解散とするわ。上層部には、各員が使命を全うした旨を報告しておく。当局は個人それぞれと交わした契約を履行されたし…とも」

突然の解散発言に、各員がそれぞれの顔を見た。

「選択肢はいくつかあるわよ。やがて到来する第三次降下隊とともに地球奪還作戦を遂行する、あるいはオルドリンの部隊と共に地球破壊作戦の後に控えた"グレートリセット計画"阻止のため

に戦うという道もね」と、言い残すとゲイトは少し離れたところに止めてあった愛車イントルーダーに向かって歩き、振り返らずにそのシートに収まり、ゆっくりとメットを被りスピーカー音声で最後の一言を発した。

「もう一人の私が呼んでいる」

そしてスロットルを回し前輪を浮かせて地上へ続くキャットウォークを駆け上がった。

全員が取り付く島もない状態でそこに残された。

「なんてこった！ もうお役御免…てかい？」とはシモンズ。

「任務コンプリートなら…私は正式一等火星市民になる。自由な身ってこと」とエブリ。

「俺は軍隊以外の職探しか」とイーグルが誰にともなく言った。

言い終わると全員がネセサリーに振り向いた。しかし彼女は糸の切れた人形のように、いつになく無邪気な寝顔を晒していた。

｜共闘

小高い丘の上にもう一人のゲイトの姿がある。厳ついNOVAタイプのスーツ姿だ。目の前に駐車したゲイトがバイクから降り立つと、インビット・ゲイトの部下たち数体が夜空から降下して来て報告をした。そしてその結果をもう一人のゲイトが語った。

「破壊作戦の首謀者たるパートソンの複製はすでに半数を始末した。あと一人か二人で片が付く。その後は既に搬入された“ポールシフト”を誘

発する弾体を見つけ出して破壊する。輸送機ではなく小型の再突入グライダーで大陸の数か所にすでに投下されているのは確認済みだ。従って見つけ出すのは我々にとって容易いことだ」

それを受けてゲイトが問う。

「それじゃあアタシの仕事はもうないと？」

するとインビット・ゲイトは夜空に立体スクリーンを展開し、地球圏へと迫りくる火星軍の第三次降下部隊の大艦隊を映し出した。黒い戦艦、黒いシャトルに黒い戦闘機たちは、電波や光学機器に視認されにくい隠密性の高い塗装で塗装され、大半が無人システムによって運用されていた。

「降下部隊は三派に分かれ、それぞれが一斉攻撃を仕掛けて来るつもりだ。大部隊を地上に送り込んだ後、殲滅戦を仕掛けて来る。以前と違うのは投入される主力が、ロボトロニクス兵士に自律兵器、火器で、つまり死を恐れぬ無人機という点だ」

と解説した後、映像には見慣れぬ物体が映し出された。

「艦隊はまた荷電粒子ミサイル群を曳航してきている。艦隊正面に数発、最後尾に数発だ」

映像がズームされるとその詳細がより克明に映し出された。

「星屑にカモフラージュした我々の無数のセンサードローンが彼らの艦隊の詳細を伝えて来る。この布陣にはある意味を読み取れる」

「…意味？」

と問うゲイトにもう一人のゲイトが答えた。

「前面の一群はレフレックス・ポイントに向けて射出するためのもの、そして後方の一群は…」

そこで一度言葉を切り、しかし続けた。

「離陸する我々の船を破壊するつもりだ。彼らは今までに得た情報から我々が地球圏を離脱する可能性も視野に入れ、我々インビットの殲滅を期した作戦を立案したのだ。彼らはなによりも、インビットの火星への侵攻を恐れ、我々が地球圏を離脱する可能性も大いなる脅威と捉えているのだ」

映像が虚空に消えるとインビット・ゲイトは何の言葉も残さず、飛行体制を取り、部下たちを引き連れて残された仕事を片付けるため、再び夜空に飛翔した。

残されたゲイトは夜空の銀河を見上げて大きく息を吸った。

つづく

MARS BASE

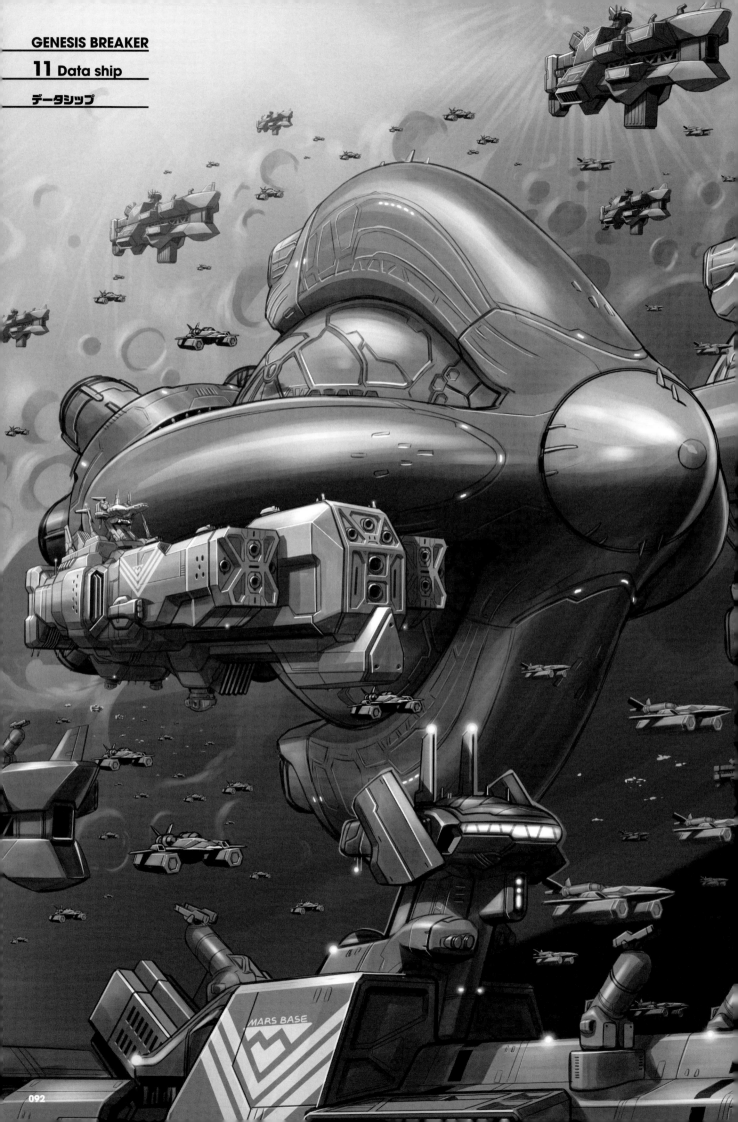

MARS BASE

GENESIS BREAKER

「なんてことだ。
これじゃ本隊が到着する前に、同士

[12]

―Through wars of
worlds invaded by mars―

火星人との
戦争をとおして

野望

　火星軍が主導する「第三次降下作戦」と並行し、火星軍上層部の急進派が秘密裏に進めるグレートリセット、つまり「地球破滅作戦」を主導するのはパートソン指令だ。グレートリセットを実行しインビット無き戦後の、地球における全権を火星軍ではなく火星軍内の急進派が掌握するためだ。その目的のため、彼の複数のクローンはすでに地上にあって、「地球破滅作戦」のための工作を行っていた。

　その彼の"オリジナル"は、『第三次地球奪還軍』の本隊に先んじてすでに地球圏に接近した一等駆逐艦にあって、不快な報告を受け取った。それは地上に送り込んだ自身の複数の分身であるクローンたちと、配下の工作部隊が、何者かによって狙い撃ちされ、次々と抹殺されているという事実だった。

　怒りを込めて「詳細を送れ」と返信したのが24時間前のことだ。そしてその答えが今、返って来たのだ。複雑な量子暗号を解読した部下が、パートソンの目の前でそれを読み上げた。

　「敵インビットは第三次降下部隊とは別の人類側"破壊工作隊"の存在を感知し、これを殲滅する特務隊を結成。そして…火星から派遣された謎の先遣隊は、同じく我々破壊工作隊を阻止するために情報局が差し向けた特務隊と判明。既にインビットによる攻撃のもと、我々の工作部隊6小隊の内、すでに4隊は戦闘不能。これに前出の特務隊が加われば、致命的結果となる…恐れも」と告げてからさらに。

　「また……ポールシフト誘発のために送り込んだ特殊弾体も半数以上が失われたとの報告もあり」と、声を詰まらせた。

　報告を聞くとパートソンはコンソールを強くたたいて眉を吊り上げて立ち上がった。

　「情報局の後ろには地球での復権をもくろむイズメイア一族が居るからな…地上の破壊を最小限に抑えたいがゆえの妨害工作を仕掛けて来る、それは分かる。しかしなぜインビットもポールシフト計画も妨害するのだっ！」

　との疑問に対し聡明な部下は、短い間を取ってから返答した。

　「地軸が傾き磁場が逆転してしまうと、彼らインビットが地球圏を離脱する際に、何らかの支障が生ずるのでは」

　その返答を聞き、少し頭が冷えたパートソンは再びシートに深く座ると、

　「なるほど…ポールシフト作戦は、奴らの離脱用宇宙船自体か、あるいは離脱時の航行条件にもなんらかの深刻な打撃を生ずるわけだ。」と自身に言い聞かせてから、続けた。

　「そうと判れば打開策は簡単だ。地上に展開中の通常部隊に指令を送れ！"地上残存部隊の500番台以降のすべての分隊、小隊、大隊はこれ以降私、パートソン指令の指揮下への転属を命ずる!!　これは決定事項であり命令だ！月裏の侵攻作戦司令部から切り離し、同時に「第三次降下部隊」の支援作戦からも開放する。そして我らが"月の向こう側（ポールシフト）"作戦をアシストするのだ!!　火星軍総司令を超えた…これは第一級指令である。"邪魔する奴に敵味方の分け隔てはいらない。邪魔するものはすべて排除、抹殺して期日までに必ず地球のマントルに特殊弾体を撃ち込め!!　敵拠点レフレックス・ポイントは第三次降下隊が持ってくる荷電粒子ミサイルで消滅させることができるはずだ。そしてもしもインビットが地球圏脱出を図れば第二弾の荷電粒子ミ

討ちだぞ!!」

サイル群が始末する。一部の隙もなく、一切の容赦なく、破壊、破壊、破壊のつるべ打ちでカタを付けるのだ!! 作戦終了時に、地上には生きているものは居ないだろう。そしてその後、我々が無人の地球を火星化（マーズフォーミング）して一から作り直すのだ。そこには我々火星人類の気に入った風景が広がり、我々火星人類が満足する統治方法で統治する新時代が始まるのだ」

パートソンの瞳は潤み、陶酔の表情で語ると、彼にはもはや破壊とそして勝利しか見えていなかった。

大戦前夜

パートソンの独善的にして愚かな決断…それは火星軍部上層、急進派の意思でもあるのだが、とにかくその愚かな指令は地上残存部隊をふたつに分ける結果となり、大混迷を誘発させるに充分だった。なぜなら破壊工作を阻止する目的で派遣されたオルドリンが、先んじて"地球破壊作戦に反旗を掲げろ!"と地上の兵士たちに呼び掛けていたからだった。

結果として迫りくる第三次降下作戦の大部隊到着以前に、地上では地上破壊派と破壊阻止派の両勢力による戦闘が、今まさに開始されようとしていた。

大陸東端の宇宙基地・地下の秘密施設は今、オルドリン率いる破壊阻止部隊の本部となっており、個人兵士らによる多数の交信、月の裏に浮かぶ作戦司令部アーケロンからの指令、部隊間の交信と、その他雑駁な無数の通信が傍受され、20名の集計スタッフとAIを持ってしても混乱を極めていた。多数のスクリーンに数えきれないグラフィックが表示され無数の状況が現れては消えた。そのスクリーンを見ている兵士たちの中に、エブリにイーグル、そしてシモンズとネセサリーは居た。
「なんてことだ。これじゃ本隊が到着する前に、同士討ちだぞ!!」
スクリーンの上に可視化された勢力図に視線を投じるイーグルが、そう指摘した。
「自滅するなら、人類はその程度、ってことになるわね」と冷ややかなエブリ。
「どの道、終着点は同じさ。もしもインビットが地

球を退去したのなら、その後で人類同士の勢力争いが起きるのは必定。遅いか早いかさ」
とのシモンズの指摘を裏付けるように、新たなグラフィックは大陸南端での人類同士の戦闘開始を告げていた。オルドリンにも報告が上げられた。
「南部41エリア、我々に組みする第462分隊が破壊工作部隊と交戦中。彼らが援軍を求めています。同じく南13エリアでも戦闘開始」
と集計スタッフが告げた。そしてそのような報告は、その後も間断なく届いた。まさに大陸は混戦の様相を呈し始めていた。
「最悪だ。このまま戦闘が続けば、第三次降下隊が来る頃に地上戦力は壊滅してるぞ!!」とイーグルは言うが、彼でなくても同様の"最悪"の未来は予測できた。
「外野席はごめんだぜ! そろそろどっちに付くか決める時間のようだ」とはシモンズだ。
「兵士に知り合いが居なくてよかったわ! 知り合いと撃ち合うのだけはゴメンだし」
と、言ったエブリの双丘の谷間に括りつけられた非常用コミュニケーターが明滅しているのに気が付いたのはネセサリーだった。無言で指をささ

GENESIS BREAKER

12 -Through wars of worlds invaded by mars-
カセイジントノセンソウヲトオシテ

れて、エブリは初めてその事に気が付いた。着信ボタンを押すと空中に画像が展開した。そしてそこにはゲイトの姿があった。

　激しいノイズ交じりの映像と音声は、何とか聞き取れる、そんな状態だ。映像のゲイトは語った。「情報局はあなたたちの解雇を決めた。報酬と契約条件はちゃんと履行される。……生き残ってたら何時かまた会える日が…」と、告げて、音声は乱れるのだった。コミュニケーターのカメラに割り込んだイーグルが当然訊ねた。
「おい！　どこにいる！　あんたはどうするんだい！」と。

　ノイズ交じりの返答はすぐに帰って来た。「インビットたちから聞いたのよ。第三次降下部隊の艦隊の前面と、最後尾に荷電粒子ミサイルが配備されてる。レフレックス・ポイントの破壊と、そして離陸時にインビットの船を叩くためにね」
「さすがに最後の作戦だ…念が入ってるな」とシモンズは腕を組んで感心した。
「でも、大事なことを忘れてない？　地球を発つインビットの船は蟹座にある巨大なデータシップに地球データを送り付けるための船なのよ。500光年以上離れてるから電波や光じゃ間に合わない。この船がたどり着かないと地球生命や人類のデータは来世行きの船に乗り遅れるのよ」

　それを聞くや、全員が心で"なるほど"と叫んだ。「インビットたちは離陸シーケンスに移行を始めた。地熱をエネルギーに変換しキャパシタに蓄え、重力波推進器の起動の準備にも入った。やがてレフレックス・ポイントは光の宇宙船に姿を変える。でもその僅かな無防備な瞬間を荷電粒子

ミサイルに狙い撃ちされると致命的な結果となる」とゲイトは一息で説明した。
「それで…打開策はあるのかい」とイーグルが問う。
「あなたたちが居るその地下施設にある強力なレーザーなら再突入時に荷電粒子ミサイルの弾頭を破壊できる。しかしその施設付帯の電源では全くの出力不足」と言い終わると画面にマップが浮かんだ。
「古い原子炉だけど、基礎軍事マップ東経113A、西経601Bにある原子炉を現地人たちがずいぶん以前から再起動してる。生活の為にね。で送電設備はそこにも伸びてるから、一基で86万キロワットを捻出できればレーザーは有用な武器になる。だからそこの施設付帯の衛星破壊用レーザーの起動を工兵に依頼して。インビット襲来時には機能していたから、破壊されていないはず。今、地上は大混戦だけど、その原子炉まで行くだけ行ってみる」と告げると通信はそこで途絶した。そして強力なジャミングによって回復は見込めなかった。
「こうなると敵も味方もありゃしないな。それぞれが信じるもののために戦えって、そういう事かい」とシモンズが言う。それから全員が無言で各員の意思を確かめた。

　今、インビット・ゲイトの部隊は、地球破壊工作隊の支部の一つを急襲し、あとひとりかふたりとなったパートソンのコピーのひとりを確保して、そのこめかみに電極を接し、彼の意識へとダイブした。

　インビット・ゲイトは人類とインビットとの融合した記憶の中に、共通項を見出そうと努力してい

た。インビットは目的のために合理的に行動するが人類はそうではない。過去の後悔や未来の不安に苛まれると、いくら合理的に判断し行動しようとしても、そこには無意識のうちに色濃く感情が反映され、インフレーションとなって広がり合理的要素を圧倒してしまう。それが人間であり、彼、パートソンはその典型だった。インビット・ゲイトはパートソンのコピーを通して、駆逐艦で指令を下す、パートソン本人に語り掛けた。
「我々インビットはいずれ地球を退去する。従って不要な破壊は不必要だ」と語り掛けると、彼の心は思いがけない反論を突き付けて来た。
「破壊は高揚感をもたらす。敵の破壊、拒絶する者の破壊、偽善者の破壊、裏切り者の破壊、現状打破のための破壊、そして地球の破壊。不必要な破壊など存在しない。お前たちが逃げようと、あるいは襲って来ようと、すなわち脅威となりうる要素に対して我々は破壊で対抗する。破壊は必要なのだ。この信念を変えることは誰にもできはしない」との返答をパートソンから受けると、そこで彼女は交信を断念し、目前のパートソン指令のコピーをも粉砕した。

　そしてこのような"好戦的な"種族のデータを、来世に向かう船に乗せるべきか否かを、あらためて自問自答した。インビット拠点破壊の為に荷電粒子ミサイルを持ち出し、地球の破壊のためにポールシフトを画策する。そんな人類も、かつては単純な細胞だった。現行人類の血液は、彼らが生まれた時の原始海水とほぼ同じ成分でできている。彼らは生まれた時の体外環境を延々と自身の中の小宇宙で再生産を繰り返してきたのだから、彼らとて最初に生まれた原子生命体の直系の子孫であるのは確かだった。他の生命

を食らう事でしか命を存続できない地獄のような自然界の連鎖もその時から現在まで連なっている。したがって自身の生存にいささかでも不利益を被ると感じたら、敵を、攻撃、排除することも生存本能の本質である。従ってパートソンのような、他者を破壊することを是とする人間も、もしかしたなら正常そのものなのかもしれない、とも悟った。

そのような、人類のもしかしたら本質に根差した性格も熟知したうえで、それでもインビットの創意の統合であるレフレスは、人類を船に乗せることを今のところ容認している。時空間を遡り、地球誕生から今日までの歴史と、生命誕生から今日までの生命史の全てをインビットが自身の中に取り込む作業がようやく終わりを告げようとしていた。そしてインビット・ゲイトは中立の立場を採ることに腐心していたが、もう一人のゲイトが最後の戦いを始めようとしていることを感知すると、心が動かされ、彼女に助力するしか道はないことを意識した。

LastRun

夜を徹しての"地球存続派"と"地球破壊派"との交戦は一進一退だった。地下基地で戦局を見極めていたオルドリンは、指揮統括を後任者に任せると、現場指揮官としての使命を全うするため、愛機のスパイトフルに乗り、僚機を従えて出撃すると、急進派の最大敵拠点となっていた廃墟の都市部に容赦ない空対地攻撃を仕掛けた。

対インビット用の材質検知追尾システムを対人用のサーモグラフ追尾方式に変換するのには心が痛んだが、つまり撃ち放った誘導兵器が人間に必中するようにシフトチェンジすると、「一つの惑星の運命の分かれ道だから仕方がないのだ」と自身に言い聞かせた。感傷は後回しにすることにしたのだ。時間はあまり残されてはいないのだ。第三次降下隊が到達する以前に決着を付けなくては、取り返しのつかない事になる。何より地球全土を破壊する暴挙は、なんとしても阻止しなくてはならない。

急進派は装甲車などのAFVを前面に反撃に出たが、より統制が取れ指揮系統が統合され、地上部隊と航空支援部隊に分かれ、ある時は連携して攻撃を反復して来る阻止派が、より成果を上げていった。反して急進派は次第に組織的戦闘の継続が難しくなっていった。突如、通常部隊から急進派たちの下部組織として、機械的に編入され、人間同士の戦いに就かされた、ということもあり、なぜ仲間同士で戦わなくてはならないのか、それすら知りえず戦う彼らの心中は苦痛と懐疑に溢れていた。現地指揮官が不在なのも士気の低下に一役買った。ただひたすら、宇宙の駆逐艦からは、パートソンの檄だけが飛んだ。

それというのも、いつまで待っても「地殻に爆弾を投下する破壊の手続き」が整わないことに、パートソンの苛立ちは最高潮に達していたからだ。オルドリンが最前線で急進派を叩くと同時に、彼の部下たちは現在阻止派の司令部となっている宇宙基地の通信システムを生かし、急進派に強制的に編入された兵士たちに根気強く説得を続けていた。第三次降下作戦が近いこと、地球崩壊作戦は無謀な愚行である事、そして急進派は崩壊の際にあるとも誇張した。そしてオルドリンは優秀だった。説得によって阻止派に寝返った兵士たちには、手を緩めず急進派を許すな、として容赦ない攻撃を指示したのだ。

インビットからすれば、これは愚かな"仲間割れ"そのものだった。彼らは出発の準備に忙しかったため、自分たちに攻撃が加えられない限り、あえてこの仲間割れの戦争には干渉を避けていた。

夜が明けようとしていた。

岩だらけのがれ場を走破するとその先には谷が続いていた。もとは川だったに違いない。ゲイトは前方センサに気を払いながら、いつになく慎重な走りで谷を越えた。目指すは一発逆転を可能にしてくれる復旧中の原子炉だ。

遠く近くで砲撃と銃声、レーザーの大気を割く音が間断なく聞こえた。ここは戦場だ。一瞬の油断が取り返しのつかないことになる。

やがて谷を越え、風景がなだらかな丘陵地帯となった時、前方の稜線に何かを目視すると、ゲイトは減速した。登りくる太陽を背後に立つ影が見て取れた。

その人影は──エブリにイーグルにシモンズ、そしてネセサリーたちだった。谷間の出口で待っていればゲイトがやって来る。恐らくネセサリーがそう告げたに違いなかった。最後の作戦は全員一致で決行されることとなったのだ。どちらに軍配が上がるのか？　ネセサリーは、とっくに感知していたはずだが　揺らめく未来を知りたがる、そんな無粋な輩はここには居なかった。まだ何も見えない地平線をネセサリーが小さな人差し指で示すと、開け行く空に太陽が昇った。

終

12 -Through wars of worlds invaded by mars-

カセイジントノセンソウヲトオシテ

中心に、あらゆる階層の全ての人員は直ちに退去せよ、可能な限り至近の宇宙港へ迎え！との勧告が、理由も告げられずにアラートと共に発せられたのだ。

何かの訓練に違いない。そう思い込んだシモンズは、6人の部下たちをモニターに呼び出したが、その時、すでに全員が作業の緊急停止を選

AIに命じました。停止までは2時間はかかりますが、もう我々にできることは何もありません!」

シモンズは頷くと、ヘリは一番近い避難区画のある西海岸の"退避ゾーン"へと飛んだ。

"退避ゾーン"は核戦争時代に造られた地下バンカーを有する施設だが、避難してきた市民を

こにもなかった。そんな混乱の中にあって、シモンズは同僚たちに軽い別れの挨拶だけを残すと、300マイルも離れた街を目指すことを決意した。彼の生まれたフェニックスだ。そこには家族がいる。病気の父と暮らす兄夫婦と、2年会っていない姪っ子たちだ。今回は彼女らへのお土産はないものの、とにかくフェニックスへ向かうための手

段を探した。何よりも、どうせ最期を迎えるのなら生まれたあの街がいい。そんな心境だったのかもしれない。

　群衆の流れに逆らい正気を失った人々をかき分け"退避ゾーン"から抜け出そうと前へ進むシモンズは、突然の静寂に立ち止まった。何ごとか、と耳を澄ませ、続いて空を見上げる。すると人々の送る視線の先に何かが見て取れた。それは東の空から迫りくる小さな火の玉だった。一つや二つではない。最初は隕石のかけらか何かか、と誰もがそう思ったに違いなかったが、それらが近付くにつれて一つ一つが途方もない大きさの火の球だ、と気付かされた。人々は悲鳴を上げ、とにかく走り出した。ここではない何処かへ向かって。やがて巨大な火球の一つが、数マイル離れた地表に激突すると、凄まじい運動エネルギーと火球自身が持つ磁力か爆圧か不明な強大な力によって、周囲の物全てを吹き飛ばした。それは世界中で実行された侵略者たちの最初の挨拶だった。

　2050年の秋。宇宙からの突然の脅威に対し、地球統一政府は無力そのものだった。それは人類が考えうる渡洋上陸作戦とはあまりに異なったものであったため対応の手段を誤ったのだ。

事前偵察、制空権の掌握、先遣隊の上陸、制圧部隊の上陸、橋頭堡の設営などなどと言う、旧来の敵前上陸作戦のそれとは全く異質だったからだ。地上の全システムを統括するAIが、未知の敵と交戦することは無益であり被害を拡大する恐れがあるとして、人類に無抵抗による降伏を呼び掛けたのだ。それにも増して迅速な敵勢力の地上到達に対し、地球防衛網はなす術もなく瓦解した。

　もちろん、一部の兵力が抵抗を試みたが、それに意味はなく、人々は生活を捨てて地下施設へ、あるいは月へ　　、火星へと逃げ延びようとあがいた。シモンズはこの日が後に"最後の日"と呼ばれることになるであろうことを予感した。

<h2>最前線</h2>

　シモンズは、あの"最後の日"に起きた無数の破壊から奇跡的に生き延びた一人だった。そして今は、軍用アサルトライフルとハンドグレネードとを握りしめて、泥と瓦礫で覆い尽くされた地表を這いまわっていた。今では36人の部下を率いる連隊長だ。日常が破壊されたあの日から2年が経っていた。

　夕闇が迫れば行動開始だ。

　前方2マイルにある敵の"障壁"にミサイルをぶち込むために肉薄したが、それが対空砲陣地であることが認められ、撮影した映像に所見を添付して後方ベースに送付したのが数分前だ。答えはすぐに帰ってきた。戦闘機による空対地攻撃を敢行するため直ちに圏外に退去せよ、との返信だ。

　しかしその時、月の反射でも明確に像を結ぶノクトビジョンのバイザーに何かが映った。瓦礫に溶け込んでいたそれらはゆっくりと体を起こすと、殺意のある索敵レーダーをシモンズたちに照射してきた。

「敵だっ、全員散開して後退!!」

　シモンズが叫んだが、今夜が初陣の10代のライフルマンが、興奮と恐怖とを抑えられず、長射程投射器をその敵影目掛けて発砲した。すると直ちに返礼を受け、はやった彼はライフルだけを残して跡形もなく吹き飛んだ。もはや選択肢は失われ、シモンズは全員に応射を命じると、自身も雄叫びとともにアサルトライフルを乱射しながら後退した。夜の静寂は破られ、閃光が飛び交う大混戦となった。

　もはや自身の置かれた状況を正しく把握できる者は一人もおらず、誰も彼もが夢中で火器を

GENESIS BREAKER

X-1

Simmons & Necessary

シモンズとネセサリー

撃ち放つ。そして時間ばかりが消費された。しかし、桁違いの凄まじい爆音にシモンズが冷静さを取り戻し、上空を仰いだ。飛来した友軍攻撃機があらん限りの減速爆弾をばらまいたのだ。たちまちそこらじゅうでナパーム弾と通常爆弾が交互に炸裂すると、炎が逆巻いて石も瓦礫も兵士も敵も味方も、全てを吹き飛ばした。シモンズたちはとうに圏外に退去したはずだからである。

　地面に叩きつけられたシモンズだが、辛うじて意識だけは保っていた。爆炎で顔を黒く染めた部下のひとりが彼を覗き込み、そして悲しい表情だけを残して走り去った時、シモンズは自身の運命を知った。周囲はすでに炎に包まれていたが、もはやその熱も感じない。

　せめてもの救いは、この場所が、かつてフェニックスと呼ばれた街であったことだ。

　シモンズが目を覚ますと見慣れない金属製の天井とフレーム、それに無数のケーブルが視界に映った。恐らくどこかの野戦病院だろう。体は微かに揺れていた。そして回復した聴覚に「火星の緊急着陸用周回軌道に乗った…上手く降りられるかは運次第。だから目を閉じていろ」との声がする。その声の主はすぐにシモンズの視界いっぱいに現れて、シモンズに向かってまた同じことを言った。髭面の大男は軍医だろうか。「お前の場合は運がいいのかどうかは分からないが、とにかく火星に着いた。少し揺れるが安心しろ」とだけ告げると髭面はすぐに視界から消え、そしてまた隣の誰かに同じことを告げていた。次の瞬間、体がちぎれるような振動を最後に彼の意識は再び途絶えた。

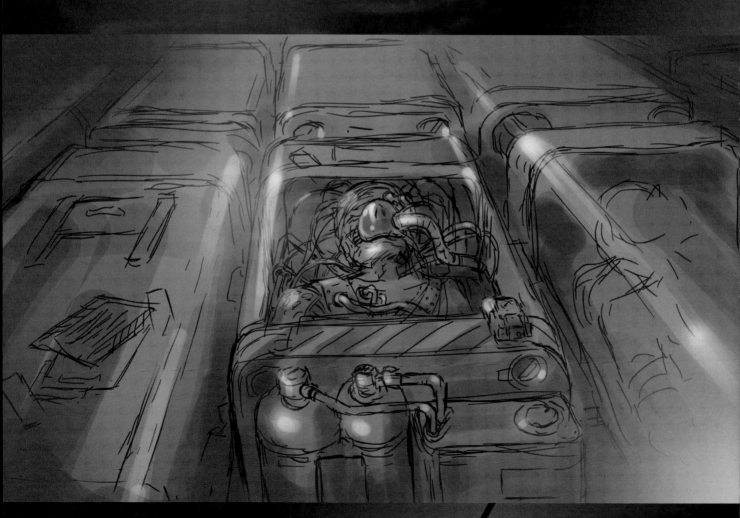

何度目かの覚醒

　シモンズの記憶は数倍の速度で再生され、もはや記憶の順番も定かではない。

　繰り返される戦闘の記憶と度重なる死。

　第一次降下作戦に参加し、再び地球の大地に降り立った時の感触、インビットたちとの激しい戦闘。そして瀕死の重傷となり幾度目かの火星への帰還、蘇生。自分の半生の記憶を映画でも観るように眺めていると、やがてその視界の片隅にタイムスケールが現れ、それがようやく火星時間の"今"にシンクロした。最後にその視界に"今"のシモンズ自身の"様子"が映し出された。脳の一部と脊椎にくっついている左胸筋だけとなったシモンズの姿は、はたから見れば一抱えの肉塊に等しかった。シリンダーの中の高圧ジェルに浮かんだ状態で、それでも彼は生きていた。

　最後に"戦死"してからはすでに3年近い歳月

れて進むことができない。彼は仕方なく車を止めて路面に降り佇むと、ハイウェイパトロールが速やかに現れて車道からの立ち退きを命じる。しかし彼はその指示を無視するとフェンスを飛び越え、自宅のある方向へとひた走った。が、記憶は曖昧で、途中で方向感覚を失って立ち往生するのだった。しかしゆっくりと周囲を見回すと10代の頃によく行った人工の湖が見て取れた。2040年代のどこかで墓地を移設して作られた人工湖の湖面はキラキラと陽光を弾いて眩しかった。しかし歩を進めようとしたところで時間切れとなり、火星軍の無表情な監査官が彼の記憶の中に割って入ると、蘇生して戦うのか、それとも永遠の安堵か？　どちらを選ぶのかと、いかにもお役所仕事のぶっきらぼうな対応で迫って来た。監査官は物理的法則を無視して、彼の視界の正面の、美しい湖面に立っていた。

　数秒後、シモンズは決断をした。随分と敵と戦って来たからもう充分だ。地球人としての義務

「シモンズ二等軍曹…突然だがたった今、もう一つ選択肢が与えられた。地球侵攻に於いて、分隊に派遣される"フォーサイト"の護衛に志願すれば、従来以上の好条件での蘇生が約束される」

　そう告げられたシモンズは突然の提案に戸惑いながらも、タイムリミットいっぱいまで黙考し、そしてその第三の提案を受け入れることにした。シモンズの僅かに残された肉体を新しい戦闘用筐体に接続する作業は単純で、あとは四肢との駆動系のアジャストだけとなった。

　シモンズがゆっくりと目を開くと、彼の回想に入り込んできた少女が目の前に立っていた。

「地球行きのモチベーションアップを探していたら、奇麗な湖が見えたの。地球に着いたら行けるかしら」

　シモンズはその少女の問いかけに、得たばかりの声で答えた。

「あそこは敵の拠点に近い。きっといやでも立ち

「数時間の講義になるけど。
まあ、あなたたちが理解できれば、の

X-2 ―エブリ・ジェットソンの場合―

ガニメデに勤務する労働者の交代は、数ヵ月単位で大規模に行われる。火星の居住者が出稼ぎよろしく過酷な環境下での労働に従事するのだ。それに乗じて反政府組織"ウッドペッカー"は実戦部隊をガニメデに送り込んだ。その中にエブリ率いる特殊工作隊も含まれていた。

火星政府は未来のエネルギー開発と称して新型核融合炉をガニメデで試作、稼働させているが、その実態は新型の核融合爆弾の開発、実験であり、実態を隠し秘密裏に大量破壊兵器の完成を急いでいたのだ。

地球統一戦争による荒廃からの復興に必死の地球政府に対し、強硬に独立を承認させるための、火星政権による過激な計画の一つだった。核融合爆弾の小型化に成功すれば地球にとっては絶大な脅威になる。疲弊し戦争はもう懲り懲りだ、と肩を落とす地球政府に、恫喝まがいの独立承認を迫るには、今が絶好の機会だと火星側は踏んだのだ。新型爆弾の度重なる起爆実験は、実は地球側にも感知されているが、火星側はあくまでも新型核融合炉開発途上に於ける不慮の事故として発表している。

しかし地球側は開発現場に送り込んだ内通者から、開発まではあと一歩との情報を得ていた。

そんな状況下にあって火星地球間の戦争回避を目標の一つとする"ウッドペッカー"は、最後の手段に出たのだった。開発施設自体を爆破粉砕する計画だ。

施設全体に電力を供給している地下核融合炉と変電施設、及び核融合爆弾開発センターを纏めて葬り去るのだ。パイルを暴走させ核融合容器を溶解しそのまま放置すれば施設自体が高熱で崩壊、周囲の関連施設も含めて破壊される。火星政府は恫喝の道具を失うのだ。そのあとは火星政府内健派が緊張関係にある地球と火星との間を取り持つ手はずだ。

政府下部組織の技術庁職員に成りすましたエブリと部下数名は、到着ポートのセキュリティチェックをまんまと通過し、労働者居留区画への潜入に成功した。

統一戦争で疲弊、混乱を極めた地球政府は、火星に復興のための資源の採掘を義務付け植民地として酷使している。そんな地球に対し、火星は火星独立政権を立ち上げ、地球と激しく対立している。全ては新地球統一政府の横暴と搾取が原因だ。少なくともエブリたちはそう信じて来た。地下抵抗組織"ウッドペッカー"に出会うまでは。

しかし真実は少し違っていた。地球政府は火星側が辞退するまで火星開拓の為の多額の資金と人員を提供し、地球再興に必要とされる資源も適正価格で購入してくれていた。しかし火星を独立させ、可能なら地球の自治権にも関与し、地球に火星領を設け、終局的には地球統治のイニシアティブをも握るという壮大な野心を、火星政府は抱いていた。全ては地球から追い出された、いわば旧支配勢力たちの復讐に近い野望だった。彼らは常に権力の陰にあり、その権威主義的体質をそのままに生き続け、かつて地球の支配層であった時代を夢想し、今も火星政府の中でタカ派の中核を成していた。

旧財閥に旧貴族に旧工業複合体の亡霊のごとき勢力は、実在する怨霊のような存在で、抵抗組織"ウッドペッカー"はそれを"タール"と呼ぶ。

強力な新兵器を保有し地球に火星独立を認めさせる。そのためには地球との抗争も見据え、権力の集中を加速させ、火星に於いて階級制を復活、それを固定化し始めたていた。更に火星軍も防衛体質から攻撃侵攻型組織へと作り替えることを急務としていた。

その動きを牽制する地下組織"ウッドペッカー"は、規模こそ小さいが元官僚、科学者、兵士などのエリートからの後援を受け、高度に組織化された集団だった。エブリも日常を捨ててこの組織に加わった有志の一人であった。

転身

医療光学メーカーに勤め、精神医療機器の開発などを行う臨床工学技士のエブリ・ジェットソンは、その日、突如CEOに呼び出された。ガラスでできた

渡り廊下を渡りフォログラムでしか対面したことのなかったCEOと握手を交わすと、目の前の彼は意外と歳を取って見えた。彼は挨拶もそこそこに要件を語った。

以前彼女が開発した精神医療機器の付帯薬であるナノドラッグを、軍用強化剤として改造するように直接依頼をしたのだ。しかしエブリは同社への功績を認められ、"異種間コミュニケーション"という自身の探求する研究テーマを推進する研究環境を約束されており、従って研究の妨げとなるCEOの依頼は予測していなかった裏切りだった。

しかし驚くほどの好待遇と、同時に火星政府のほぼ強制的な依頼を断ることは、全てを失うリスクがある、と脅しに近い提言を受けるに至って、エブリは思った。いったいいつから火星はこのような全体主義国家になってしまったのだろうか。階級の固定化も進行中と聞く。政府御用達の医療機器メーカーの重役ともなれば政府の意向は絶対だ。政治には全く興味が無く、数年間研究に没頭していたのが、どうやらまずかった。最近はまるで戦争前夜のようなきな臭さが漂い始めているとエブリは感じていた。

しかしエブリは最後の交渉を行った。依頼の新薬は一年で完成させる。しかしその後は以前の約束を順守してライフワークに没頭させてほしい、というささやかな交渉だ。まったくの作り笑顔でそれを快諾したCEOに背を向けたエブリは、その日から研究室に籠ることとなった。

政府と製薬会社は結託して兵士たちを"強化"するための計画に邁進している。エブリの開発した精神を安定させ、やる気を出させる薬は、兵士たちの前向きな精神を強化することで恐怖心を抑え戦闘に有利に働く効能も秘めていた。

彼女の助手として付いた中年のハモンドという男が、政府の息のかかった監視役であることにエブリはすでに気付いていた。しかしゴタゴタは御免だし、政府に近いこの組織内で面倒を起せばどれほど厄介なこととなるのかも承知していたから、とにかくこの不本意な仕事を早々に終えて、本来の自分の研究に立ち戻りたかったのだ。

そしてその―――意識の深層に作用して類人猿

話だけど」

が氷河期前に獲得した狩猟本能の増進と敵を駆逐した時の高揚を呼び覚ます———時として人を戦士として覚醒し恐怖心を抑え、攻撃本能を強化させる薬は工期を順守して完成を見た。

全てのデータは極秘とされ火星政府、戦術研究所のメインバンクにのみ保管するための暗号化が開始された。最終局面だ。今日でこの不本意な研究から足を洗える。使用目的は聞かされていなかったが、それが地球と一戦構えるつもりの準備の一部であることは誰の目にも明らかだった。

文字通りの滅私奉公が今日で終わる。彼女が大きなため息をついてから時計に目をやったその時だ。独立した閉鎖系で、自前の発電施設を持つ特殊研究室B棟の電源が全て落ちた。しかも緊急発電機も起動せずアラートも鳴らない。白衣のスタッフたち十数名が右往左往する中、エブリは腕に付けた専用コミュニケーターで本社の役員室との通話を試みたが、それも応答はない。とにかく突然の事態に、ここから退去しなくては、とスタッフの一人がメインゲートへと手動でのゲート解錠を試みた同時に、ドアは何者かによって外からこじ開けられ、数名の男たちが風のような素早さで突入してきた。

全員防弾スーツとフルフェイスメットとパックを背負い、手には最新の対物アサルトライフルを構えていた。そのうちの一人、軽装でハンドガンの男が、エブリに目を止めるときびきびとした動きで歩み寄り、突如彼女のアキレス腱に足をかけ同時にみぞおちに打撃を加えて容赦なく床に倒し、その鼻先にハンドガンを向けて言った。

「主任開発員エブリ・ジェットソン!nano・UKJ-806は今日完成した。が、残念だがそれは火星政府にも軍隊にも渡さない。奴らのセフティ・メージャーは完璧だが…言いつつ部下の一人に目配せすると、部

下はランチボックス大の箱を研究室の壁の端末に接続した。

「送信コードはまだ変更されていないはずだ。数秒で全てを戴く。そしてここのバンクは物理的に破壊する。扉は溶接していくからスタッフの皆さんは救助隊の到着までおとなしくここに居て頂く」と男は大声で叫ぶと、倒れているエブリを覗き込んで言った。

「アンタは別だ。また同じものを開発されたら迷惑だからな。一緒に来てもらう」

ると二人の部下がエブリを引き起こし両脇を抱えてドアまで引きづった。

「誰なのよ!! なたたちは」とエブリがヒステリックに叫ぶと、エブリを突き倒したリーダーと思しき男が答えた。

「我々は"ウッドペッカー"。火星政府の暴走を止めないと太陽系が戦争になる」

その言葉を最後に、男たちはこちらを向いたままドアまで後退すると、最後の仕上げを済ませた。アサルトライフルを構え直した4名が一斉にひとりの男めがけて一弾倉分の銃弾を浴びせかけたのだ。

あまりの突然の出来事に、その場の全員が息を止めるしかできなかった。犠牲者はエブリのアシスタントの監視役の中年だった。

彼が息絶えたのを確認するとリーダーは全員に聞こえるように言った。

「ハモンド・ハックレィ、43歳。元軍医、政府情報局・軍事部門諜報部員。コイツに仲間が5人も消された」と、すでに絶命したであろうハモンドに歩み寄り、頭部に留めの一発を見舞った。

ウッドペッカー

火星首都から郊外に伸びる国道8号線の高架

下のその下が彼らのアジトだった。貫通する以前に放棄された地下高速トンネルの工事跡地だ。広いがまず発見されないという好条件を備えた"ウッドペッカー"の秘密基地である。ブルドーザーにリフト、錆びたコンテナに廃棄されたダクトやケーブル、レンガの欠片で埋め尽くされ、まるでそこはダンジョンだ。

30名ほどがせわしなく動き、火星首都2000ヵ所の監視カメラの映像がハッキングされモニターに映し出されていた。

「エブリ・ジェットソン25歳。12歳の時に洗礼を受けたが今は無神論者。科学雑誌トゥモーローで未来を拓く研究職の有望人材20人にも選ばれた。ライブ&ドートゥ製薬・医療機器部門の次期第一主席研究員。ライフワークは異種間コミュニケーション」とリーダーが一息で言う。

後ろ手に縛られていたエブリは、結束からは解放されたが、しかし椅子に座らせられると数名の武装隊員たちに取り囲まれ、立場は変わっていなかった。エブリは平常心を保ちながら口を開く。

「そんな情報ならネットに載ってるわ」とエブリは吐き捨てた。

「ほおっておいたらあんたは火星政府の依頼を受けて次々に戦争のための新薬を開発する。そういう能力を持っている。だから本来ならあの場で一番最初に始末すべきだった」

リーダーはそこで指を口に突っ込んでガムを取り出して捨てた。そして続けた。

「あのCEOは火星政府のタカ派の一員だ。地球侵攻の準備を全面的にサポートしてる。今度の成功でアンタは執行役員に昇進し、可能な限り戦争のために必要な薬剤その他の開発に協力させられることとなる」

とエブリの目の前まで迫って言った。

GENESIS BREAKER

X-2

Case of Every

エブリ・ジェットソンのバアイ

「そんなこと、一切聞いてないわ!」
と返すが。
「まだ聞かされていないだけでこれは事実だ。だから
あのハモンドよりも始末すべき優先度は、アンタの
方が高かった。もしも、アンタのこの独白を知らなけ
ればな」
と言いつつリーダーが軽く指を鳴らすと、エブリの正
面のモニターにテキストデータが表示された。それ
はエブリの独り言を綴った日記だった。突然のこと
にエブリが目を見開いて驚いた。
「悪いがアンタのプライベートは全部探った。起きて
からシャワーを浴びてベッドに入るまでな。で、この日
記だ。開発中の新薬が戦争に使われることは明白
だ。さらに効能の一部を強化すれば、"突撃剤"とし
ても有効となる。死を恐れずに敵に突撃していく、そ
ういう薬だ。あんたならもっと簡単に開発できた。し
かしライフワークの研究環境を与える、という約束を
CEOに反故にされたアンタは、その腹いせも手
伝って彼らの要求の80%ほどの効能に留めて新

薬を完成させた。これは発覚したら俺たちと同罪の
国家反逆罪に問われてもおかしくない犯罪だ」
　耳に入ったメンバーの何人かは軽く笑った。
「そういうことなら日記にも書かなかったことを教えて
あげましょうか?　完成したnano・UKJ-806は使い
物にならない駄作よ。そのまま服用すれば確かに期
待された効能、つまり恐怖心の低下、死に対する
閾値の軽減、活力の増進はある程度は見込める。
しかし火星人、特に軍人が摂取している人工タン
パク質と結合すると脳への効能は極度に低下し、
さらに繰り返し摂取することでやがて無効化する。
脳幹が不必要な刺激を感知して平常化を図る自
律神経も稼働する。つまりあっという間に慣れてし
まい期待するほどの効能は望めない。会社側が
ベースにせよと言ってきた薬の分子構造ではこん
なものが関の山。別の製薬会社が保有している特
許を流用すればもっと完璧なものが作れるけど、恐
らくあと数年は誰も気付かない」
　それを聞くとリーダーは初めてフルフェイスを脱い
でその厳つい髭面を現してから「それを証明できる
か?」とエブリに迫った。
「数時間の講義になるけど。まあ、あなたたちが理解
できれば、の話だけど」

　エブリは"ウッドペッカー"の"理解ある対応"に
よって、体の数ヵ所に殴打の痕跡と縛り上げられた
擦り傷を残して高速道路の路肩に放置され、やが
てハイウェイパトロールに発見された。当局による

数時間の尋問と重要人物として48時間拘束され
たが、特権を持つCEOの出迎えで自由を得た。
　自宅に帰ると全身が染みるのを我慢してあえて
熱いシャワーを浴びてから、コミュニケーターの画面
を開くと早速会社からの通達が届いていた。
　今回の件は労災で処理され、そして重役の席を
褒賞として、より強力な新薬開発を進めてほしいと
する要望で、それは"ウッドペッカー"が言っていた
とおりの内容だった。火星は間違いなく地球との戦
争に突き進んでいて、政府の関係機関は否応なし
にその指針に協力を強要させられる。今まで以上に。
そして自分が思うより自身が戦争準備の重要な位
置に居るのだと知ったエブリは、"ウッドペッカー"か
ら教えられた局番を回し迎えを呼んだ。運命の選択
をしたのだ。

　翌日の深夜、エブリは迎えのエアカーに乗ると、
廃線となっているリニア地下鉄の坑道を郊外に向
かって高速で移動していた。そして自宅マンション
の部屋は大爆発を起こし全ての痕跡は消し飛ばさ
れた。それは製薬会社を執拗に付け狙う凶暴なテ
ロ組織"ウッドペッカー"の犯行として報じられ、研究
員エブリ・ジェットソンも暗殺された、と報じられた。
エブリの新しい人生は、独立に向けて先鋭化する
火星政府にカウンターを撃ち込む抵抗組織の一員
として戦うことだった。人が本来持っている恐怖心
を消失させ、他者を殺傷する罪悪感も軽減させる
薬は、戦争で使うべきではない。企業人として生き

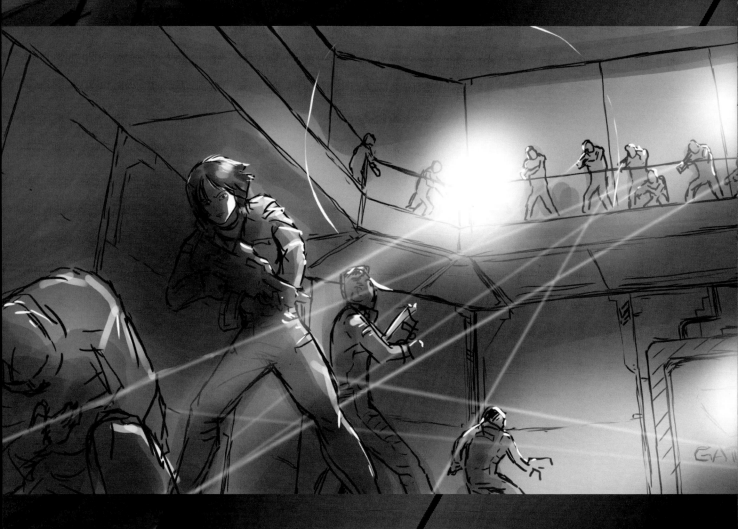

てきたエブリ自身、もしかしたらそのようなまっとうな感覚を失っていたのかもしれない。

抵抗組織はでたらめに火星政府の妨害を行っているわけではない。政府内の穏健派とは内通し、起こってはならない致命的な衝突を回避させ、穏便な独立が究極の目的だった。

今まで火星政府による愚民化計画の阻止、過激な火星独立機運の醸成などを妨害するために、多くの破壊活動を続けてきたが、今回の核融合炉と核融合爆弾開発施設の爆破は、今までに無い大掛りで過激なものだった。

二度目の男

すでに別動隊が火星との通信網をシャットダウンし、技術庁職員に成りすましたエブリと部下たちは混乱の中、定期報告書を作成するという体で、融合炉のコントロールルームに立ち入ることに成功すると、検査機器として持ち込んだ高性能爆弾を起動した。

「我々はウッドペッカーだ。今、コントロールルームで致死半径1600ftの高性能爆弾を起動させた。止めるには10億ある組み合わせの乱数を解かなくてはならない。起爆まであと20分、職員は全員退去せよ」

マイクを握るとエブリは落ち着いた声で告げた。コントロールルームに居た全員が慌てて逃げだし、数分も経たずにエブリと数名の部下だけがその場を掌握した。

しかしコンソールに座った部下の一人が施設全体の見取り図を呼び出すと。

「…おかしい、メインコントロール室の真下が融合炉本体のはずだが、電力供給のエレメントは別の場所に集中してる!」と声を上げた。

「どういうこと?」とコンソールに駆け寄ったエブリの質問には別の誰かが答えた。影のような黒いコートを纏った痩せた男は、落ち着いた足取りでコントロールルームに入ってくるとエブリの背後に立った。振り仰いだエブリは声にならない声を上げ一度唾をのんでからその男の名前を叫んだ。

「ハモンド!?」

「それはいくつかあるコードネームの一つだ」

見覚えのある落ちくぼんだ眼は、死んだはずのハモンドだった。

「いったい何人いるの?」

「あんたのお目付け役だったという記憶はインストール済みだから…久しぶり、と言ったほうがいいだろうか」

部下たちが彼に銃口を向けるがハモンドは全く気にも留めず語り出す。

「結論を言えば、アンタらがお目当ての新型爆弾は完成して、すでに搬出済みだ。そしてこのコントロールルームもとっくに用済み。融合炉もここには無い。いろいろな意味で君らはバグってる。ゲームオーバーだ」

彼が言い終えるとコントロールルーム周囲の照明が灯る。するとエブリたちは完全に武装集団に取り囲まれていた。

「どうするね、このまま起爆させても成果は何一つ得られないぞ。まさに無駄死にというやつだ」

暫く考えた後、エブリは仕方なく部下の一人に起爆の停止を命じた。

法廷でのエブリの審判の時がやってきた。"ウッドペッカー"としてのこれまでの数々の破壊工作が読み上げられると、それぞれに数十年の量刑が言い渡され、それらを全て合計すると320年の禁固刑になった。行先は火星公転軌道上に設けられた収容施設、第12冷凍監房だ。ようやく細胞の結晶化を回避できる解凍技術が開発されたため、最長で1000年までの収監が可能となったのだ。肩幅ほどの直径のチェンバーに押し込められ、凍結されたエブリは、蜂の巣のような監房にインサートされ、そして時が来るまで収監されるのだ。

最前線へ

今日、解凍された16人の中にエブリも居た。二人目で不慮の事故が起き、彼は心停止からの蘇生ができず絶命した。

しかしエブリの体内では再び血液の循環が始まり意識が戻った。2時間の精密検査と検疫検査が終わったことが告げられると、アンダースーツのままで椅子に固定され応接室に運ばれた。

グレーの制服を着た二人組の担当者が彼女の前に座ると、エブリは収監されてからすでに46年が経ち、現在が西暦2082年であること。そして現在は戦時下にあることが告げられた。自分たちの苦労も空しくやはり戦争になってしまったのか、とエブリは落胆したが、しかし状況は彼女が考えるよりも遥かに悪かった。戦争の相手は人間ではないと言うのだ。

母なる星、地球は未知の敵に占領されており、地球政府は瓦解。地球を奪還するという一点に置いて火星政府は現在、太陽系内のあらゆる機関と共闘状態にある。しかし人類軍は一度地球奪還に失敗し、もはや後がないのだと言うのだ。今は一人でも兵士が欲しい。そこで6000人ほどいる冷凍受刑者からも軍隊経験のある者、特殊技術の取得者を徴兵しているのだという。

「私は特殊技能と言っても精神医療機器の開発をしていた臨床工学技士よ。戦争では役に立たない」と状況を飲み込んだエブリは答えたが、

「潜入、爆破のエキスパート。脳科学も学位あり。情報局が欲しがる人材だ」

とだけ言い残して二人の担当者が立ち去ると、代わりに一人の男が入ってきた。その男の顔をまじまじと見たエブリは、呆れて深いため息を漏らし、頭を左右に振ってから。

「あんたは死神か何かなの? とにかくあんたが現れるとろくなことは無い!」

と、吐き捨てたが、男は冷静に返した。

「ハモンド型のクローンはあなた達が"タール"と呼んで忌み嫌う、いわば旧勢力、既存派閥の執事です。恐らくあなたが知っているのはtypeC-06系統のエージェントタイプ。私は自我を持つ財閥の代理人。それよりも上級のtype-88N-16」

と自己紹介を終えると、エブリの目の前に座り、足を交差させてから話を切り出した。

「敵と正面切って戦うのは火星正規軍と地球に残された残存兵力に任せましょう。我々の目的はそこではない。宇宙から飛来した敵は全くの未知なのです。言葉も所有しなければ死の恐怖も持ち得ていないかもしれない。そもそも生命なのかそうでないのかすらも理解不能。学者の分析によれば"生まれたものなのか作られたものなのか"それすら判断できない。侵略しても人類を皆殺しにするでもなければ地上には手付かずの領域も残している。全くもって不可解で我々人類には推し量れない存在だ」

エブリでは? という視線を返す。

「あなたのライフワークの論文読みましたよ。異種族間でも意思疎通のインターフェイスの構築は可能。利害の一致は別として、話し合うフィールドは構築できる。高度なAIに説得できない相手は居ない。そして最終章は自我を捨てるのは覚悟だけ促せば誰にでも可能。自我を捨てた悟りの境地にも似たフィールドでは未知なるもの同士でも対話は成立する…つまり我々は未知の敵である異種族の意図を知りたい訳です、情報局としてはね。あなたは適材適所だ」

「承諾すれば自由の身?」

エブリは結論を急いだ。

「我々が結成した特務隊とともに地球へ向かい敵と接触して頂きたい。敵の詳細が知りたいのです。出来れば…分かり合いたい」

と言いながらハドソンは契約書を取り出した。

「あなたたち旧勢力たちは何が何でも再び支配者に返り咲きたいという野望を持っている。そのためなら地球との戦争も辞さない。そして未知の敵と内通し共闘することさえも。とことん独善的で貪欲。しかし、もしかすると戦い相手を殲滅することしか考えない派閥よりは少しはマシかもしれない。そういう含みを持ったままでもこの仕事は請け負える?」

とエブリはあえて正直に全てを言葉にした。

ひきつった笑いを浮かべてからハモンドも言う。

「何と考えようとあなたの自由。使命を果たしてさえ頂ければそれでいい」

と言いつつエブリに契約書を手渡した。

地球行きが迫っていた。

半年はあっという間に過ぎ去った。簡易軍事訓練を受け、特殊兵装の使い方を学び、そして契約書にサインも終えた。火星政府が地球奪還という大正義を実行している限り、もはや反政府活動の意味は失われている。解放され、ライフワークである研究が続けられるのなら、断る理由は見付からなかった。また未知の敵と対峙するのは興味があった。しかしその興味よりもほんの少し恐怖が勝っていたが、今は誰もが使命を負う時局だ。危険だからと言う理由で尻込みはできない。

地球行きの駆逐艦に乗る前日、個人装備が各員に支給された。総重量30キロの装備を点検しながら軌道上に待機している駆逐艦へ向かうシャトルに詰め込まれた。非常時用のレーションにファーストエイド。鎮痛剤に栄養補填剤。そして最後に赤いアンプルに目が留まった。商品名は「アンドレイアー05」、ギリシャ語で勇気の意味だ。が、その主成分に目をやると「nano・UKJ-806」と書かれていた。それはかつて彼女が開発した恐怖低減剤だった。

終

「目的は何ですか？
地球に置いてきた宝物でも探すんですか?」

X-3 —カーライル・イーグルの場合—
Case of Eagle

混乱の日々

インビットが来襲したその日から、地球からの数えきれない避難民が火星へと押し寄せた。そのため火星政府は彼らのための居留区の増設と食糧増産に専念するしかなく、それらが全てに優先された。しかし混乱が混乱を呼び、暴動と鎮圧が繰り返され、避難民の受け入れ態勢はすぐさま物理的限界を超えた。システムは破綻し、火星の衛星軌道上には数百隻の難民船が、ただひたすら受け入れを待って周回し続けていた。混乱は長く継続し、火星政府が地球奪還計画を創案し実行に移せたのはその数年後のことだった。

第一に、未知の敵と戦う兵士の育成と、そのための軍隊の設立を急務とした。かつて火星防衛軍に属していたイーグルも、大混乱が収まると新設された火星軍マルス・ベース、インベンジョンフォースに編入された。

いざという時、地球の横暴から火星を守ることを主任務としていた旧火星防衛軍は、火星生存圏防衛隊と名を変えて、"インビットの火星来襲"という恐ろしい悪夢に備えて二重三重の防衛線を構築して警戒した。が、どういう訳か謎の侵攻者たちは火星には一切興味を示さず、地球に留まっていた。そして30年を費やし充分と考えられる兵員と兵器の生産を成し遂げた結果、人類の命運をかけた一大作戦決行が間近となった時、なぜか長い軍歴を持つイーグルは、第一次降下作戦の栄誉ある先兵には選出されなかった。そして火星生存圏防衛隊の防空パイロットとして"第一次降下作戦・敗退"の悲報を聞いた。

しかし大作戦は二段構えだった。僅か三年後に、掛け値なしの最後の巻き返し作戦が決行さ

れることとなり、男女を問わず16歳から42歳までの兵員とそれに付随する数万の軍属が、地球圏へと突入することとなった。残されるのは火星の行政関係者と若すぎる子供たちと、戦うことのできない老人のみだった。

火星生存圏防衛隊・防空戦闘機隊・上級飛行曹長となっていたイーグルは、当然、地球降下部隊のシャトル部隊を護衛する戦闘機部隊に配属され、シャトル隊を無事、地上に降下させるための訓練を連日繰り返しており、訓練生18名を指揮していた。全てが慎重に進んでいたが、その事故は起きてしまった。

火星の大気上層部から比較的大気密度の高い高度1000ftまで降下した時、旧式のDF-102ハウンドドッグは突然、落とし穴に落ちたように揚力を失い機首を真下に向けて落下した。初めての経験だった。すでに何百回も経験している手慣れたルーティンワークのはずなのに、それはありえない現象だった。管制官からは「そのままの姿勢で制動をかけ射出せよ」というコールが際限なく連呼されたが、なぜか体も射出機能も反応しなかった。

転属

彼が、火星軍・第一医療センター・普通科の数百あるベッドの上で目を覚ますと、数名の教え子たちが火星ラナンキュラスの花束を持って現れた。正直、今日が何月何日で誰々が誰なのか、すぐには思い出せなかった。一日も早い復帰を待っています、と口を揃えた教え子たちが立ち去ると、入れ替わりに白い髭のドクターが現れて、胸のIDカードを明示した後、説明を始めた。「先ほど軍司令部からの報告がありました。あなたはたった今から"火星軍・侵攻大隊・第101空挺

師団所属。第412航空支援小隊・一等飛行軍曹。認識番号MB-IF-101-8875-3661"です」と一息で告げた。さらに、「昨日までの階級と所属には拘らないでください。で、体の様子ですが、正直運ばれて来た時は躊躇しました。唯一好条件であったのは人工心肺です。随分と古いが…」とそこで手にしたタブレットに目を落としてから。

「地球派の暴動鎮圧の際に致命傷を負われた。その時、心肺は人工物に。で、今回も内臓組織と脳神経の一部、循環器系に大変なダメージを受けましたが、お分かりのとおり、この時節柄、あなたのスキルは大変重要視され、治療費を問わず治療させて頂いた。自律機能調整のセクター4を網膜に呼び出せば何時でも自身の体調データを可視化でき、同時に調整もできる」

「なるほど…まだ人間ではあると」と、声を発してみてイーグルはさほど変わらないその声に安堵した。

「記憶はどこまで遡れますか」と、続いてドクターの唐突な質問だ。

「あああ…以前と同じですよ。火星首都・第3郊外都市・デルタ第二層に父と住んでいました。市民番号は…開拓者直結第一市民、階級はアルファBで…市民番号は2273215。…それから」

「もう結構。記憶に欠損は無いようですな。ではこのバーコードを記憶を」と、ドクターはタブレットをイーグルの眼前にかざした。すると全く自動的にイーグルの目はそれにフィクスしフォーカスするとその情報を脳の記憶バンクに収納した。

それから去り際にドクターが言った。

「ボディに関しては保証します。胸骨の左下に内蔵されているマイクロタンパク質バッテリーは、あと2年はもちます。出撃の際は予備が支給されますからご心配なく」と告げると忙し気に隣の部屋へと立ち去った。

イーグルは受け取った指令を脳内で解凍、再生した。

未知の任務

　視界に目的地のセンター02・HQ06・ルームNo.811を呼び出すと、その道筋が視界の中で青いラインとなって彼を誘導した。6階層あるヘッドクォーターエリアの最上階に足を運ぶのは初めてだった。チューブエレベーターを降りると指定された02区画の受付へ至った。

　軍人とスーツ姿の官僚がせわしなく行きかう廊下の突きあたりに、指定の一室は在った。エアカーテンが開くと別の軍人が出てきて、彼と入れ替わりにイーグルは部屋に入った。そこには大きなデスクと3つのソファーと二人の男が待っていた。イーグルは促されてソファーの一つに腰を落とした。

　ダークグレーのスーツを着た恰幅の良い官僚は大きなデスク越しに透明ボードに必要なデータを呼び出すと、同時にイーグルの胸のアイデンティティーカードを読み込んだ。その恰幅の良い担当官僚とは正対したが、もう一人の痩身の男はイーグルの左手に座った。

　先に口を開いたのは正面の官僚だった。
「軍曹。まずは復帰おめでとう。では間違うといけないからね、まず自己紹介を」
と、体格に全く似合わない甲高い声でそう言った。
「"火星軍・侵攻大隊・第101空挺師団所属。第412航空支援小隊・カーライル・イーグル一等飛行軍曹。認識番号MB-IF-101-8875-3661"です」

と淀みなく告げると、それを受けて官僚は機械的に続けた。
「今この火星で急務でないことは一つもない。ご存じのとおりね。侵攻を受けて以来、最悪の状態がずうっと続いている。そんな状況打開のために皆が全力で取り組んできた。だからこのような突然の配属転換、役職変更には可能な限り柔軟に協力して頂きたい」と、定型文を読み上げた。そしてようやくイーグルの左に座っている男の紹介に至った。
「こちらが情報局のアラッド事務次官」と、イーグルの左の男を指さした。

　両者が握手を交わすと官僚は「あとはどうぞ」とそっけなく言って、別の仕事に着手した。

　時間を惜しむ様子で痩身のアラッドが口を開いた。
「軍曹…あなたの経歴…戦闘機のパイロット、その前は都市警備隊にも居られて火器の取り回しも専門、何より暴徒を鎮圧した実績。そして此度の事故から生還した。常人よりは屈強な体と精神とをお持ちだ」

　彼は薄い透明タブレットの経歴を読み上げながら、愛想笑いも忘れない。

　イーグルは「ありがとうございます」と返すしかなかった。
「ご存じのとおり人類の命運を分ける第二回目の地球侵攻作戦は近い。そこで各部所で人員の再分配、再配属が今、大至急実行されています。そこであなたにも新しい任務を担ってほしい」
「ええ…私のできることであれば」とイーグルもポーカーフェイスで応じた。

「この度、情報局は地球侵攻部隊に特務隊を編成して同行させることとなりました。名目は地球現地の状況把握ですが、本質は別のところにあって。そこで…」
と少しだけ言い淀むと、一度官僚の顔を覗き込んだ。すると官僚はどうぞ進めて、というジェスチャーを返してきた。
「火星生まれ、火星育ちのあなたに今さら、火星への忠誠心を説くのも野暮だし、その火星生まれのあなたにかつて地球派だとか火星独立反対派だったことは？　などとも質問したくない」とのアラッドの突然の言葉にイーグルは戸惑って、「…いったい…何のことです？」と手振りを加えて聞き返した。
「では聞きますが…生まれた時のことは覚えているかね？」
「はあ？　それは…先日もドクターから…で、いつ頃の話が聞きたいのですか？」と、苛立ちを隠して答えたはずが、その声は自分でもびっくりするような1オクターブ高い声だった。

　しかし担当者は気にせず続けた。
「実は遥か昔、火星軍入隊の時も全く同じ質問をされているはずです。そして君はこう答えています。——火星首都・第3郊外都市・デルタ第二層に父と住んでいました。市民番号は…開拓者直結第一市民・アルファB階級で…市民番号は2273215、と」
「そのとおり…ですが」
とイーグル。
「ではそれ以前の記憶は」とアラッドはさらに質問を続けた。

GENESIS BREAKER
X-3
Case of Eagle
カーライル・イーグルのバアイ

「入隊時には…それ以前の記憶はありません。と、そう答えたはずです」
と答えるとアラッドはさらに質問を続けた。
「ではイズメイア家について、知っていることは？」
との唐突な質問に、イーグルの目は泳いだが、しかしすぐに目の前のアラッド事務次官に見向いて。
「いったい…何のことです？」
アラッド事務次官は一度ネクタイをキュッと上げてから続けた。
「あなたはあなた自身も感知しないところで当局からいろいろと優遇されてきた。暴動鎮圧時に致命傷を負った時も、人工臓器を付加して再生した。それには相当の金額が必要だ。が、それも当局が支払った。そして今度の事故からの再生についても、同じだ」
全く意味を理解できないイーグルは、アラッド

の顔を覗き込んだが、声を発しなかった。アラッドは淡々と続けた。
「イズメイア家は地球時代の財閥系コングロマリットです。今不眠不休で増産されている地球侵攻兵器の多くも、イズメイア家の出資による。情報局自体、イズメイア家が設立し、その関係者のほとんどはイズメイア家由来の者たちです」
と一気に語ったアラッドの顔を、"だから？"と、イーグルは覗き込む。
「簡単に言えばですな。君にもそのイズメイア家の血が流れている。遠戚関係で地球時代はイズメイア家の執事の家系だった。家系を遡ると第13代頭首から財産分与もされた記録が残っている」
「…どういうことですか？」
と、あまりに突然のことにイーグルは戸惑うしかなかったが、静観していた官僚は落ち着き払って、二人の会話に割り込んできた。
「まあ複雑には考えていただかなくて結構。地球時代まで遡るとあなたの家系がイズメイア家の近縁だった。ただそういうことですよ」
と別の案件に目を落としながら言う。
アラッドもタブレットに目を落としながら続けた。
「イズメイア財団は総力を持って地球奪還に賭けています。簡潔に言えばかつて地球の支配者の一員だった勢力が、地球を取り戻すのに必死になっている、そう考えてもらえばいい。で、この最後かもしれない地球奪還作戦発動の直前に

なって、協力者、血縁者たちを急遽、再招集している。そういう訳です」
腰を上げかけた姿勢から、イーグルは一度深呼吸をすると、間をおいてから再びソファーに深く座った。
「単に配属転換を告知するだけでもことは足りるのですが、今さら血筋が…なんて旧態依然とした話を引っ張り出してきたのには訳があって…ですね」
と告げるとアラッドはようやく核心に迫り、手にしたタブレットに画像を立ち上げた。そこには一人の女性の姿が現れた。
「これは…」とイーグルは当然の質問をした。
「イズメイア家の継承権を持つ女性です。今回の地球行き特務隊の中核人物。体の一部も人工物で戦闘スキルも高い。以下数名でユニットを組んで地球での作戦行動を実践するのだが、あなたにもその特務隊に加わって頂きたい」
そこまで聞くと、イーグルはさらに戸惑い、しばらく黙してから
「目的は何ですか？地球に置いてきた宝物でも探すんですか？」
と返した。
「それほど単純なら良かったのだが」
とアラッドは話を繋げてから、
「彼女のボディガードをお願いしたい。直接敵との交戦を行う通常の戦闘部隊とは異なる任務なので、どんな局面が訪れるのかは全く未知数

だ。"身内を守る"そんな心構えで参加して貰えると大変助かる訳で…」

　そう言うとアラッドはイーグルの返答を待った。

　しばらく虚空に視線を送ってからイーグルは状況を整理した。

　「まあ…恐らくは部下たちと一緒に地球へ行くことになるとは思っていたので…」

と途切れ途切れでイーグルが言う。

　それを受けてアラッドは

　「考えようによっては…数十名の部下の面倒を見るよりも単純かもしれませんね」

と無責任なことを言う。

　そこでイーグルは大事なことを質問した。

　「その…特務隊の任務とは?」

　そこでアラッドは電子ペンをイーグルに手渡した。

　「特務隊に同行するということと、任務の特殊性から当然守秘義務が発生します。ですのでまず、ここにサインを」

　イーグルは、ここに至って、なぜアラッドが高価な人工臓器を自分に提供したのか、という説明をしたのかが理解できた。

　しかしイーグルは一度聞いてみた。

　「断ることはできるんですか?」

　するとアラッドは表情を変えずに答えた。

　「もちろん…ただこれは軍最上部からの依頼ということを理解してほしい」

　つまりそれは、ほかでもない。断れないということを意味していた。イーグルは素早くペンを走らせて潔くサインを済ませた。

　とても満足気な笑顔を浮かべてからアラッドは続ける。

　「任務の目的は敵との接触です。敵はいまだに正体不明。地球人類を死滅させる意図はないようで…つまり我々の概念では推し量れない性質を持っている。戦争は軍隊に任せておいて、我々は敵との接触、できれば意思の疎通を図りたい。そのための専門要員とツールも用意した。これらも非常に高価だ」

　「なるほど…あとは実行あるのみということですか。」

　イーグルの言葉を受けてアラッドが最後に言う。

　「明日、第四フロアの情報局管理課まで出頭して頂きたい」

　両者は立ち上がると握手を交わした。

出会い

　翌日、イーグルは指定されたフロアに赴いた。そこには火器の修理所もあり、射撃スペースもある。くぐもった発射音は完全燃焼カート弾のそれだった。そこに居た何名かの兵員の中に一人の女を認めたイーグルは彼女に近付き、しばらく射撃の腕を吟味した。そして彼女が弾倉を入れ替えるタイミングでわざと彼女のブースに割り込んでその銃を"私に"とジェスチャーした。女から、その銃を受け取ると、イーグルはゆっくりと足を少しオーバーに開き銃を12度程傾けてから照準を合わせる。そして12連射すると全てがターゲットを射抜いた。

　スコアは彼女より高かった。

　「こいつは小さすぎるから、狙い澄ましちゃだめだ。初段が命中したら構わず連射した方がよっぽど当たる」とレクチャーしてから銃を目の前の女に返した。

　しかし、彼女がイーグルに振り返り、その表情が目に飛び込んだとたん、閃光のようなフラッシュバックが生じた。それはいつもイーグルが自身で語る"古い記憶"とは別の…古いが鮮明な記憶だった。

　よく手入れされた広い庭園、ゴシック式の柱、人工の小さな湖、紫色のジャーマンシェパードが走り回り、そこには白いドレスを纏った少女の姿があった。そこが地球なのか火星なのかは定かではないが、どうやら彼はその少女の監視役らしく、視界に入る全ての事象に気を配っていた。右の腰に手をやると、軍用の厳ついハンドガン、左には敵を駆逐する伸縮式の電撃クラブを携帯していた。

　つまりイーグルは、"彼女"とは初対面ではない、ということだ。

　一瞬、放心状態になって固まっているイーグルの様子に、怪訝な表情を浮かべたゲイトだったが、イーグルから銃を受け取ると、彼の忠告どおりの射撃を試みた。すると、覿面に効果は出た。

　「戦闘機の操縦や射撃の教官の方が似合ってるんだが、軍部の上の上の上の方からのご命令でね。この度お姫様のボディガードに任命されてしまった」

と自己紹介を済ませた。

　「ボディガードなんて要らないと言ったのに。でも今みたいなレクチャーは実践的で役に立つわ」

　両者は握手を交わす。

　そんなイーグルを探し回っていたアラッドが、ちょうどイーグルの姿を見付けて速足でやってきた。

　「ということで、自己紹介は済みましたか?」

　「昨日資料は全部見た。写真より見た目はプラスアルファかな」

　というイーグルに対してゲイトが応じる。

　「私も全員の資料は見て記憶したわ。何度も死にかけて生還した強運の持ち主たちは得難いスタッフだわ」と返す。

　「親戚のお姫様を守る…俺のひいひいひい爺さんたちもそんな仕事をしていたと聞いて、それならと、つまり断れなかった」と付け足した。

　「人間関係も大事だけど、その年齢で特殊装備とのマッチングは大丈夫なの…と心配したら失礼かしら。可変バイクやらとやらの」と告げた。

　「ああ…あのヘンテコな機動ツールのことを言っている? 走って着て戦うっていう。まあ、あと2ヵ月、グラウンド・シミュレーターの仮想原野を使わせてくれれば、恐らく何とかなるだろう」とイーグルは肩をすくめてみせた。

　「それに関しては私の方が先輩のようね。素手で敵と殴り合うよりずっと効率がいい」

　「午後には他のメンツとも引き合わせますから…」

　とアラッドの説明が終わり、二人が話し込むのを尻目にイーグルは、ふと、あることに気付き、隣の空いている射撃ブースに入った。そして200発の試射を要望した。

　軽量小型のスコルピオ189は12連発の超小型の完全燃焼カート使用マシンピストルだ。非常に旧式だが、都市警備隊時代に彼の使い慣れた、もっとも信頼性の高い銃でもあった。彼はそれを先ほどと同じく右手に握ると、そこで微かな…いや確かな違和感を覚えた。それを左手で握り直してから、ようやくその違和感の正体に気が付いた。今全ての兵器、ガジェットは生産性向上のため右利き仕様のみとなっている。兵士たちもそれに合わせて矯正される。しかしかつて自分が使用していた銃は左利き用だったはずだ。あの頃はまだそういう選択肢があった。マガジンストッパーは左の親指で押した記憶が、脳ではなく指に鮮明に記憶されていたのだ。

　いつの間にか記憶の書き換えが行われていたのは明らかだった!

　そうすると…自分が火星育ちで、父と暮らしていて、かつて都市警備隊に所属し、そしてそれ以前と思われる白いドレス少女の記憶も、さらには自分はその件の家系の末裔で…という数世紀遡った記録すら、全くアテにはならないかもしれない。そう考えた。

　血縁の支配層の継承者を守れ…という指令は、一兵卒に下される命令より遥かに必然性を持ち義務感、使命感を増す。

　アラッドとともに遠ざかっていくゲイトの後ろ姿に目を投じながら、そんな複雑な思いをイーグルは掻き消した。どこまでが真実の記憶で、どこからが模造の記憶なのか。今さらそんなことを詮索しても意味がないからだ。

　先日与えられた人工心肺は軍用で、最大120Gにも耐えるタフなものだ。仕様書にはそう書いてある。としばし思いを巡らせた。高価な装備を与えたのだからこちらの要求を呑め、とする軍部の意図は分かるが…事故を起こす以前の自分ではこの任務は務まらなかったかもしれない。

　そして、あの事故には不可解なところがある。エアポケットにでも陥らなければ突如戦闘機が推力を失うなんて…。そして自分は左利きだったはずなのに…。そう考えると過去における不条理な点が終わることなく次々と湧き出してきた。しかしそのような疑念には意味がないことをすぐに理解すると、今度は右手で銃を取り廻した。そして予定の200発を撃ち終えた時点でブースを後にした。

終

Key Word of GENESIS BREAKER

機甲創世記モスピーダ ジェネシスブレイカー
関連用語集

インビット

　A.D.2050、突如、外宇宙から飛来し人類に対し侵略を始めた謎の異星人。人類はその敵を「インビット」と名付け、総力を挙げて戦うが数年で人類の半数が死滅する。

オペレーション・ハウンド

　人類火星軍（MARS BASE）主導でスタートした地球奪還のための本格的な実務プロジェクト。全ての事業は12時間労働による完全24時間操業体制となり2079年までの23年間で戦艦1200、地球降下用クラフト6800、戦闘機33000、兵員220万、内歩兵86万とその個人兵装。および8ヵ月間の継戦能力に見合う物資の生産・調達が始まる。また2079年段階で16～23歳となる男女160万人の出産・育成プロ

ジェクト79（セブンティナイン）が発動。彼らはセブンティナイナーズと称され、地球奪還作戦の中核をなす兵士として育てられた。
　作戦は二回決行され、新型兵器であるライドアーマー部隊の23％が地上に降下することに成功。地球残存部隊と共闘して、微速前進ながら敵の本拠地を目指す進行が開始される。

火星開拓

　地球統一政府誕生によって、それまで各国が個別に主導していた火星開拓事業が一本化。地球統一政府が展開する事業の一環となる。

火星の独立宣言

　火星政府は地球政府の事実上の瓦解を受けて独立宣言を行い、自存自衛を表明。火星へと

疎開・亡命した地球統一政府を解体し、地球復興庁という火星統一政府下部組織の省庁に格下げし運営を許諾。以降4ヶ年計画で超過した火星人口の統制と生活圏の拡張事業"バッファロー計画"を発動。火星の統制、内政の安定に努める。

センター

　インビットの拠点とされる"レフレックスポイント"の中枢。大規模作戦発動時に通信情報伝達が最も集中する部署を人類軍が感知したことから、敵の中枢と目されている部署。

地球安全網アーディアス

　宇宙観測網のひとつ。地球圏に害を及ぼす小惑星など接近に対し事前検知と警告を任務とする組織。

地球統一戦争

　3つの連合に分かれて戦われた統一戦争。その後、地球統一政府が樹立し　それが地球に於ける唯一の最高意思決定機関となる。

月軌道の前線司令部 アーケロン

　人類軍の最前線司令部ステーション。月裏面の軌道に位置し火星本部からの指令を検討、降下部隊に伝達する。

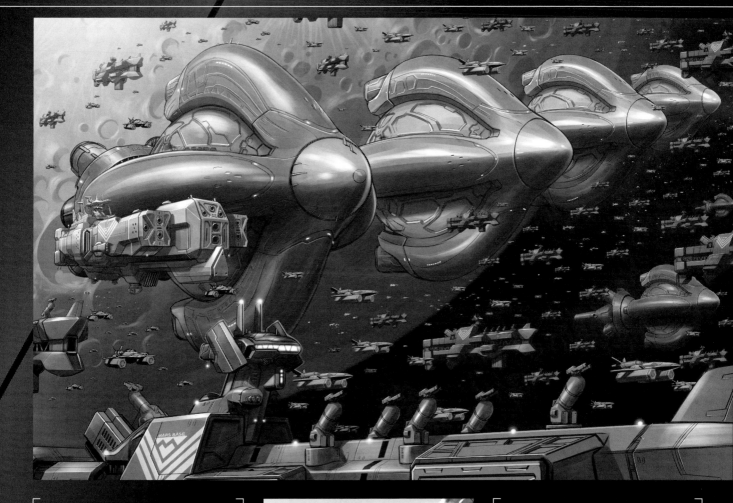

月のヘッドクォーター

月の裏面、軌道上にある司令部。火星正規軍・地球降下作戦前線司令部、通称アーケロン。本作戦の全権委任司令官がいる。

人類火星軍
（MARS BASE）

火星政府が火星防備のために火星軍とは別に設立した地球奪還のための軍産複合体。人類火星軍の中枢の一部を構成する情報局（人類火星軍・第一統制機関・情報局）の運営は、旧地球統一政府の資金的後ろ盾でもあった複合産業体のひとつ、イズメイア財団が行っている。

モッズ

火星の植民地化となった地球の運営を司る主権組織の最上位意思決定機関。

ライドアーマーシステム

火星軍が地球を奪還するために開発した、各歩兵の機動力、火力、防御力、移動能力を飛躍的に向上させるシステム。絶対数が少ない将兵をいかに効率的にインビットに対抗できるようにするかという課題を解消。各兵士が着用する戦闘スーツ（RIDING SUITS）と各人が搭乗するバイク（ARMOR CYCLE）によって構成されるパーソナルな兵器システムである。兵士は通常時はバイクに乗って移動し、敵と遭遇したときはバイク本体が速やかに変形しパワードスーツ（RIDE ARMOR）となることで、機動力、火力、防御力を増強し、ひとりの兵士でもインビットの個体と同等に戦うことが可能になる。

レフレックス・ポイント

インビットの拠点。

労働組織の3大勢力

火星開拓に尽力した複合産業体。アルベルト、イズメイア財団、ケネス労働組織の3大勢力からなる。旧地球統一政府の資金的後ろ盾でもあり、地球の最上位意思決定機関"モッズ"の中枢となっている。

[05]
HEADQUARTERS

STAFF

原作	タツノコプロ
企画協力	千値練
キャラクター原案	湖川友謙
小説・ストーリー構成・設定	柿沼秀樹(DARTS)
メカニカルデザイン・設定	荒牧伸志
メカニカルデザイン協力・設計	前野圭一郎(リルゴーレム)
イラスト	MERCY RABBIT
スペシャルサンクス	戸張雄太(T.E.S.T)
ロゴデザイン	青木 衛(YACO)
企画・協力	タツノコプロ
企画・編集	木村 学
編集	五十嵐浩司(株式会社TARKUS)
カバーイラスト	MERCY RABBIT
デザイン	株式会社ビィビィ
撮影	株式会社スタジオアール

機甲創世記モスピーダ公式外伝
ジェネシスブレイカー
2024年7月26日 初版発行

編集人 木村 学
発行人 松下大介
発行所 株式会社ホビージャパン
〒151-0053 東京都渋谷区代々木2-15-8
TEL 03(5304)7601(編集)
TEL 03(5304)9112(営業)

印刷所 大日本印刷株式会社